Dieses Buch gehört

Linda Martin

Flo & Wisch
und weitere Geschichten
aus Linda Martins Leben

mit *Anregungen und inspirierenden Texten*
vom Lebensfreudekalender 2018
www.palverlag.de

Illustration: Linda Martin

Bibliografische Information der Deutschen Nationalbibliothek:

Die Deutsche Nationalbibliothek verzeichnet diese Publikation in der Deutschen Nationalbibliografie; detaillierte bibliografische Daten sind im Internet über http://dnb.dnb.de abrufbar.

Herstellung und Verlag: BoD – Books on Demand, Norderstedt
ISBN: 978-3-7504-5214-5

Illustration: Linda Martin

INHALTSVERZEICHNIS

Im Gedenken an Manfred

Mein Dank gilt den außergewöhnlich menschlichen Kabarettisten Flo und Wisch, die mir erlaubten, über die spezielle Fanbeziehung von Linda/mir zu ihnen, zu schreiben.

Einleitung

Mein Name ist Linda Martin. Ich wurde 1963 in Wien geboren. Mein großer Wunsch war immer, Volksschullehrerin zu werden. Obwohl meine Eltern nicht reich waren, ermöglichten sie mir das. Außerdem machte ich berufsbegleitend eine Ausbildung zur Tanzpädagogin.

Mit 42 Jahren veränderte sich mein Leben. Ich hatte eine schwere Gehirnblutung, die ich nur knapp überlebte. Ich wurde 13 Stunden operiert, lag vier Wochen im Tiefschlaf und war insgesamt sechs Monate im Spital und auf Rehabilitation.

Das Blut zerstörte etwas im Kopf, das die Netzhaut betraf. Ich habe nun einen kompletten Sehausfall auf der linken Seite. Man kann sich das so vorstellen. Wenn ich jemandem auf die Nase schaue, sehe ich nur eine Gesichtshälfte.

Nun konnte ich als Lehrerin nicht mehr weiterarbeiten und wurde krankheitsbedingt in Frühpension geschickt.

In dieser Zeit schrieb ich einige Bücher. Unter dieser Homepage kann man sich die Bücher anschauen. https://linda-martin.cmmc.at.

Nun zu diesem Buch. Es ist in zwei Teile geteilt. Im ersten Teil erzähle ich in dritter Person über mich. Ich schreibe über Linda. In Teil 2 berichte ich in der Ich-Form.

TEIL 1

Flo und Wisch

Das Interview

Eines Tages ging Linda spazieren. Sie kam an einem Einkaufszentrum vorbei. Davor sah sie zwei Reporter. Einen größeren, der ein wenig stärker war, und einen kleineren, sehr schlanken. Sie ging zum größeren Reporter hin, um das Interview zu belauschen. Ein Präsident in einem großen Land wurde gewählt und dazu wurden Fragen gestellt. Die Fragen klangen ein wenig eigenartig, aber die Leute waren sehr ernst und beantworteten die Fragen nach bestem Wissen und Gewissen.

Da Linda gerne im Rampenlicht stand, stellte sie sich so hin, dass der Reporter fast über sie stolperte und nun sie interviewen wollte. Die Fragen waren so lustig, dass Linda nur lachen konnte. Sie konnte kaum atmen vor lauter Lachen. Eine Frage lautete: „Ist der Präsident Republikaner oder Thermostat?" Linda prustete los: „Was, was heißt Thermostat?" Der Reporter sagte: „Sie machen es mir wirklich schwer." Und auch er musste herzlich lachen.

Einen Zusammenschnitt der Interviews gab es im Fernsehen. Da wurde Linda erklärt, dass das die zwei Kabarettisten „Flo und Wisch" seien. Sie kannte die beiden vom Hören, wusste aber nicht, wie sie aussahen.

Im Kabarett

Nachdem Linda nun wusste, wer die beiden waren, wollte sie unbedingt ein Kabarett mit ihnen sehen. Einige Monate später spielten Flo und Wisch in ihrer Stadt. Linda bestellte sich eine Karte und ging hin. Und es wäre nicht Linda, wenn sie nicht vor der Vorstellung an der Kassa bat, Flo und Wisch zu sagen, dass im Publikum diejenige sitzt, die beim Interview über den Präsidenten so viel lachte.

Und wirklich, die beiden bauten Linda ein. Sie erzählten von den Interviews und, dass sich eine nicht hinters Licht führen ließ und diese heute im Publikum saß. Linda sprang auf, warf die Arme in die Luft und drehte sich im Kreis. Oben auf der Bühne meinte Wisch: „Ich wusste ja, dass Sie eine Rampensau sind."

Flo sagte von der Bühne aus, dass Linda nach der Vorstellung warten sollte. Er kam wirklich und es gab sogar ein Foto mit dem Handy. Linda war glücklich. Es war ein gelungener Abend.

Zweiter Kabarettabend

Ca. ein halbes Jahr später waren Flo und Wisch mit einem neuen Programm in Lindas Stadt. Linda besorgte sich wieder eine Karte. Da sie mit Flo und Wisch auf Facebook verbunden war, schrieb sie den beiden, dass sie an dem und dem Tag im Kabarett in der ersten Reihe sitzen würde. Die beiden freuten sich auf Linda.

Das Kabarett war sehr gut, sehr musikalisch, einfach super.
Doch dann ging Wisch auf Flo „los". Er erklärte ihm, dass er noch immer zu dick sei. Das sagte er ein paar Mal. Linda konnte sich nicht mehr zurückhalten und rief: „Flo hat doch abgenommen!" Wisch drehte sich zu Linda um und sagte: „Ja, Flo hat abgenommen, aber Ihnen ist das anscheinend nicht gelungen." Das Publikum lachte und Linda schrie: „Ich muss Medikamente nehmen und die blähen auf."

Da sprang Wisch von der Bühne, kam zu Linda, gab ihr einen Handkuss, streichelte sie am Kopf und sagte: „Ja, so kann man ins Fettnäpfchen treten. Es tut mir sehr leid." Dann ging er zurück auf die Bühne. Linda wollte aber noch zu Flo, da er sie besser verstehen konnte, weil er auch einmal stärker war. Flo bat Linda auf die Bühne und die beiden umarmten sich sehr herzlich.

Konversation

Linda hatte ein schweres Schicksal hinter sich und das wollte sie Flo und Wisch schreiben.

Linda:

Lieber Flo! Lieber Wisch! Ich mag euch beide und deswegen schreibe ich euch. Verzeiht mir das vertrauliche DU, aber ich bin älter als ihr und eine Frau. Ich darf das DU-Wort anbieten, müsste aber auf eure Einwilligung warten. Das tue ich aber nicht. Falls ihr nicht einverstanden seid, werde ich es sofort ändern. Wisch ist bei seinem Auftritt auf Flo „losgegangen", weil er zu dick ist. Flo tat mir leid und ich musste dazwischenrufen, dass Flo abgenommen hat. Wisch hatte sofort eine Pointe parat und sagte: „Ja, Flo hat abgenommen, aber Ihnen ist das anscheinend nicht gelungen." War wirklich gut. Nur zu mir gibt es eine Geschichte. Die kann natürlich niemand wissen. Und da ich euch mag, will ich diese so kurz als möglich schildern. Ich hatte einmal 55 kg. Mit 42 Jahren hatte ich eine schwere Gehirnblutung, mit 13 Stunden Operation, vier Wochen künstlichen Tiefschlafs und insgesamt fünf Monate Spital. Seither muss ich Medikamente nehmen und habe dadurch mehr als 20 kg zugenommen. Darüber bin ich natürlich sehr unglücklich. Der Satz von Wisch war echt gut, trotzdem hat er mich ein wenig getroffen, Aber nur ein wenig, da du Wisch von meiner Geschichte nichts ahnen konntest. Und noch einmal, ich mag euch. Wisch, es war sehr lieb, als du von der Bühne gekommen bist und dich entschuldigt hast. Trotzdem wollte ich zu Flo, da er mich besser verstehen kann, als ein Wisch mit Waschbrettbauch. So, ich wünsche euch noch alles Liebe und noch viele gute Auftritte.

Flo und Wisch:
Liebe Linda, danke für das „DU", das geht natürlich in Ordnung und ehrt uns beide sehr! Deine Geschichte berührt uns und macht uns wieder einmal bewusst, dass man sich bei der Improvisation mit dem Publikum sehr schnell auf einem sehr schmalen Grat zwischen guter Unterhaltung und persönlicher Verletzung bewegt. Es ist dies die Königsdisziplin im Kabarett und leider ist man als Künstler nicht davor gefeit, dabei in ein Fettnäpfchen zu treten. In deinem speziellen Fall bewegt uns dieser Ausrutscher besonders, da wir dich ja schon ein wenig besser kannten und wir dich damit keinesfalls kränken wollten! Viel mehr war es die bereits bestehende Bekanntschaft, die uns dazu verleitet hat, die Grenzen des Humors auszureizen und leider auch zu

17

überschreiten. *Dafür möchten wir uns bei dir entschuldigen! Und das soll noch gesagt werden: Du bist eine Wucht! Wie schwer dir das Schicksal auch mitgespielt hat, die Lebensfreude und Energie, die du versprühst, ist inspirierend und macht einfach Freude!*
Danke, dass du uns bei unseren Auftritten besuchst und danke für deine Offenheit.
Alles Liebe Flo und Wisch

Linda:
Lieber Flo! Lieber Wisch!
Eure Worte sind sehr berührend.
Ich danke euch dafür.
Ihr seid etwas Besonderes.
Alles Liebe Linda

Linda fühlte sich wie ein 17-jähriges Mädchen, das in ihre Idole verliebt war.

Homepage: www.floundwisch.at

18

„Drei Aufmunterungen,
die du dir jeden Tag gönnen solltest:
Ich bin liebenswert.
Ich bin einzigartig.
Ich schaff das."

Aus: Der Lebensfreude-Kalender 2018
von Dr. Rolf Merkle und Dr. Doris Wolf

Linda

Linda wollte schon immer Volksschullehrerin werden. Obwohl ihre Eltern nicht reich waren, ermöglichten sie ihrer Tochter diesen Wunsch. Und Linda war gerne Lehrerin. Sie kümmerte sich auch sehr um die Kinder, die Probleme hatten.

Doch nach ihrer schweren Gehirnblutung durfte Linda nicht mehr unterrichten. Sie hatte eine schwere Sehstörung. Auch das Gleichgewicht konnte sie nicht immer so gut halten. Da wäre die Arbeit mit Kindern zu gefährlich gewesen. Sie wurde in Frühpension geschickt.

Linda tanzte gerne. Nach ihrer Krankheit konnte sie sich Choreographien aber nicht mehr merken. Am liebsten ging sie daher in einen Improvisationskurs. Leider gab es in ihrer Stadt sehr wenige Angebote. Und wenn, dann waren die Kurse sehr spät am Abend und da war Linda, wegen der Medikamente, die sie nehmen musste, schon zu müde. Aber sie war immer guter Hoffnung, dass sie wieder etwas finden würde.

Auch Eis laufen und Rad fahren konnte Linda nicht mehr. Das war durch ihre zeitweiligen Gleichgewichtsstörungen und die Sehstörung nicht mehr möglich.

Doch Linda erfreute sich ihres Lebens. Sie hatte ihre schwere Krankheit überlebt. Leider musste sie nun Medikamente nehmen. Da hatte Linda mehr als 20 kg zugenommen Das machte sie manchmal traurig, weil sie sich nicht mehr so gut bewegen konnte. Und durch die Medikamente wurde sie schnell müde. Doch sie gab nicht auf. Sie schrieb sogar einige Kinderbücher.

Franz

Linda ging gerne essen. Eines ihrer Lieblingslokale war öffentlich 20 Minuten von ihrer Wohnung entfernt. Manchmal ging sie alleine oder auch gemeinsam mit anderen dorthin.

Das Lokal hatte eine angenehme Atmosphäre. Das Personal war freundlich und einen ruhigeren Gastgarten gab es kaum.

Am liebsten war Linda der Chef. Er war ein bisschen jünger als sie. Man konnte unglaublich gut mit ihm flirten. Und zwar richtig flirten. Es gibt den Ausspruch, jemand hat Pfeffer im Hintern. Und das hatte der Chef, namens Franz. Und Linda liebte das. Die beiden verstanden sich so gut, dass Linda ihm einmal das Du-Wort anbot. Der Chef hatte auch manchmal Zeit, sich zu ihr an den Tisch zu setzen und ein wenig zu plaudern.

Eines Tages erzählte ihm Linda von ihrer schweren Gehirnblutung. Da veränderte sich sein Gesicht und er berichtete, dass er zwei seiner Verwandten durch eine Gehirnblutung verloren hatte.

An diesem Tag sah Linda den Chef später alleine am Tresen sitzen. Sein Ausdruck war nachdenklich, sehr ernst und ein wenig traurig. Linda ging zu ihm hin und fragte leise: „Darf ich dich umarmen?" Er stand auf und die beiden drückten sich ganz fest.

Seit dieser Begebenheit wollte Linda Franz immer umarmen, wenn sie ihn sah. Und wirklich! Oft drückten sich Linda und Franz kurz und gaben sich links und rechts einen Kuss auf die Wange.

Das wilde Flirten ging über in kameradschaftliche Zuneigung.

Eines Tages bei einer Umarmung mit Franz, konnte Linda seine Oberarmmuskeln spüren. Obwohl es Linda egal war, ob ein Mann Muskeln hatte oder nicht, war sie von diesen Oberarmmuskeln fasziniert.

„Menschen, denen Du begegnest,
sind entweder ein Geschenk
oder ein Lehrer. "

Aus: Der lebensfreude-Kalender 2018
von Dr. Rolf Merkle und Dr. Doris Wolf

Lindas Schulkind Alex

Wie schon erwähnt, war Linda Lehrerin und das war sie gerne.

An einen Buben erinnerte sie sich ganz besonders. Es war Alex. Alex war ein Kind, das es in seinen ersten sechs Lebensjahren nicht guthatte. Er durfte nicht mehr zu Hause wohnen, da das Verhalten seiner Eltern und Verwandten ihm gegenüber untragbar war. Nun wohnte er zusammen mit anderen Kindern in einer Wohngemeinschaft. Dort gab es Erzieherinnen, die sich um ihn kümmerten.

Es war in der Mitte des ersten Schuljahres, als Linda erfuhr, dass Alex zu ihr in die Klasse kommen sollte. Man erzählte Linda, dass Alex jeden Tag um zehn Uhr am Vormittag von den Erzieherinnen abgeholt wurde, weil er die Schule nicht länger schaffte und immer nur störte. Da bekam Linda Angst. In der Woche, bevor Alex in Lindas Klasse kam, konnte sie kaum mehr schlafen.

Doch dann kam alles anders. Linda liebte den kleinen Alex. Er konnte doch nichts dafür, dass er es so schwer in seinen ersten Lebensjahren hatte. Und sie zeigte Alex, dass sie ihn gernhatte und dass sie ihm vertraute. Und

Alex mochte Linda. Er war kein einfaches Kind, trotzdem schafften die beiden den ganzen Vormittag miteinander und Alex musste nie früher abgeholt werden.

Alex vertraute nur Linda. Die Religionslehrerinnen hatten es deutlich schwerer mit ihm.

Eines Tages musste Linda auf ein Seminar. Da musste dann jede Stunde eine andere Lehrerin in die Klasse kommen. Linda wusste, das würde Alex nie schaffen. Sie besprach das mit den Erzieherinnen und machte sich mit ihnen aus, dass Alex an diesem Tag bei ihnen in der Wohngemeinschaft bliebe.

Alles wäre gut gegangen, wenn sich nicht eine Lehrerin eingemischt hätte, die Alex einmal in der Woche eine Stunde in einem anderen Raum betreute und dort mit ihm alleine lernte. Sie sagte zu ihm, dass Linda nicht wollte, dass er an diesem Tag in die Schule kommt, weil er immer so schlimm sei.

Das war natürlich für Alex sehr traurig. Er mochte Linda und vertraute ihr. Nun sollte diese so etwas Schreckliches gesagt haben? Es brauchte wirklich eine lange Zeit, bis Linda Alex` Vertrauen wiedergewonnen hatte.

Wenn ein Kind nicht so gut lernen konnte, war es möglich ihn in Deutsch und Mathematik nach Sonderschullehrplan zu benoten. Linda reichte für Alex ein, ihn in diesen beiden Gegenständen nach einem anderen Lehrplan zu beurteilen.

Als das genehmigt wurde, kam jemand, um zu besprechen, in welche Sonderschule Alex gehen sollte. Linda sagte: „Das kann nur ein Missverständnis sein." Alex sollte in ihrer Klasse bleiben, nur eben in zwei Gegenständen anders beurteilt werden. Es war nicht leicht, aber Linda kämpfte wie eine Löwin um ihr Junges. So konnte Alex in Lindas Klasse bleiben.

In der vierten Klasse gab es Schularbeiten. Auch da durfte Alex mitmachen. Er wusste ja nichts von einer anderen Beurteilung. Daher machte Linda für Alex eine leichtere Schularbeit, die er schaffen konnte. Und er bekam sogar von Linda eine Note, die sich immer zwischen Befriedigend (3) und Genügend (4) bewegte. So fühlte sich Alex nie ausgeschlossen. Er war auch bei seinen Mitschülern beliebt.

Da sieht man wie wichtig es ist, dass die Lehrerin in Sachen Liebe und Vertrauen eine Vorbildwirkung hat.

Lindas Lieblingsdirektorin

Linda unterrichtete bis zu ihrer Frühpension an sieben verschiedenen Schulen. Sie lernte viele Lehrerinnen kennen, hatte aber auch sieben verschiedene Direktorinnen. Jede von ihnen war anders.

In einer Schule fühlte sich Linda besonders wohl. Sie sagte immer, dort war sie schulisch zu Hause. Die Kinder waren schwierig. Aber Linda liebte die schwierigen Kinder besonders. Und die Direktorin Anna-Maria war ein Traum. Oft kommt es vor, dass man sich fürchtet, wenn eine Direktorin in die Klasse kommt. Aber bei Anna-Maria freute sich Linda jedes Mal, wenn sie sie sah. Diese war wirklich ein Muttertyp. Sie half, wo sie nur konnte. Hatte immer ein offenes Ohr. War in guten, wie in schlechten Zeiten für ihre Lehrerinnen da. Bei einer Aufführung im Turnsaal half sie sogar Matten schleppen.

Linda sang und tanzte gerne mit ihren Kindern. Und eine Direktorin macht das immer sehr stolz, wenn in ihrer Schule gesungen und getanzt wird. Linda nahm mit ihrer Klasse auch gerne an Musikveranstaltungen, wie „Jugendsingen" oder „Musik aktiv" teil.

Eines Tages rastete ein Bub von Linda im Turnsaal aus. Er schlug auf die anderen Kinder ein. Linda schickte zwei Kinder zur Direktorin, um ihr die Situation zu schildern. Die anderen Kinder gingen in die Garderobe, damit der Bub sie nicht weiter schlagen konnte. Den Buben ließ Linda im Turnsaal zurück. Sie stand in der Tür zwischen Turnsaal und Garderobe. Und wirklich, ein paar Minuten später kamen die Direktorin Anna-Maria und eine Lehrerin zum Turnsaal gelaufen. Sie nahmen den aufgebrachten Buben mit. Die Eltern wurden verständigt und er wurde abgeholt.

Anna-Maria wusste, wenn Linda um Hilfe bat, war es wirklich dringend.

Obwohl es mit den Kindern an dieser Schule nicht leicht war, unterrichtete Linda gerne dort, weil sie so eine tolle Direktorin, wie Anna- Maria hatte.

Lindas soziale Ader

Lindas erster Luftballon

Linda war fünf Jahre alt, als die Eltern mit ihr einen Ausflug machten. Sie hatten etwas zu essen, zu trinken und eine Decke mit. Sie wollten mit ihrer Tochter ein Picknick machen. Sie fuhren ca. 20 Minuten in ein kleines Dorf. Dort gab es eine schöne Wiese, wo die Eltern die Decke ausbreiteten. Sie nahmen die Dosen mit dem Essen aus der Tasche. Linda aß gerne Wurstbrote. Auch Gurkerln und Paprika waren dabei. Zur Nachspeise hatte ihre Mutter einen Kuchen mit.

Nachdem sie gegessen hatten, spazierten sie in das Dorf. Dort gab es einen Stand mit Luftballons. Linda riss die Augen auf und staunte. An diesem Tag bekam sie ihren ersten Luftballon. Sie war ganz schön stolz darauf.

Nun gingen sie weiter. Am Ende des Dorfes gab es ein SOS-Kinderdorf. Dort lebten Kinder, deren Eltern gestorben waren oder, die aus anderen Gründen, nicht mehr zu Hause wohnen konnten. Das erklärten die Eltern auch ihrer Tochter, damit diese wusste, warum dort so viele Kinder waren.

Linda ging mit ihren Eltern durch das Kinderdorf. Sie sahen schöne Häuser und viele Kinder, die mit ihren Kinderdorfmüttern dort lebten.

Eines der Kinder ging Linda nach und schaute nur ihren Luftballon an. Die Augen des Mädchens glänzten richtig. Linda stand da und wusste nicht, was sie machen sollte. Sie hatte ihren ersten Luftballon in der Hand und war so stolz. Ihre Eltern hatten ihr aber auch erklärt, dass die Kinder nicht bei ihren richtigen Eltern leben konnten und das war sehr traurig. Das Mädchen schaute so intensiv ihren Luftballon an. Linda konnte nicht anders. Sie schenkte ihren ersten Luftballon, den sie bekam, diesem Mädchen. Diese jubelte und bedankte sich sehr herzlich bei Linda.

Linda wusste nicht ganz, ob sie lachen oder weinen sollte. Sie entschied sich fürs Lachen, da sie sah, wie sich dieses Mädchen freute. Die Eltern sagten zu Linda, wie stolz sie auf sie sind. Sie hat ihren ersten Luftballon einem Mädchen geschenkt, das es in ihrem Leben sicher nicht immer leicht hatte.

Spendenaktion der Schule

Als Linda 14 Jahre alt war, gab es bei ihr in der Schule eine Spendensammlung. Die Schülerinnen (Linda ging vier Jahre lang in eine reine Mädchenschule) durften für eine soziale Organisation Spenden sammeln. Es bekamen immer zwei Schülerinnen eine Spendendose. Also, musste jede eine Partnerin finden. Da gab es aber ein Mädchen, das niemand so recht wollte. Sie hatte einen lustigen Namen, Moni Gimpel. Sie war vielleicht auch ein wenig eigenartig. Aber so schlimm fand Linda Moni nicht. Ihr tat ihre Mitschülerin leid und so meldete sich Linda, mit ihr gemeinsam zu gehen. Da strahlte Moni über das ganze Gesicht. Und es war alles ganz normal, als Linda mit Moni durch die Straßen ging und Geld für diese Organisation sammelte.

Deutschwoche für Flüchtlinge in den Sommerferien

Als Linda ein paar Jahre Lehrerin war, stellte sie mit ein paar anderen ein Projekt zusammen. Diese waren Lehrerinnen, Erzieherinnen oder Freizeitpädagogen. Sie wollten für Flüchtlingskinder eine Deutschwoche auf dem Land veranstalten. Am Vormittag sollten die

Kinder Deutsch lernen. Am Nachmittag gab es verschiedene Freizeitaktivitäten.

Ein großer leerstehender Bauernhof war in ein Kinderlager umgebaut worden. Linda hatte eine Gruppe von sechs Kindern, die schon ein wenig Deutsch konnten. Wie schon gesagt, lernten sie am Vormittag Deutsch. Linda sprach sehr viel mit ihnen, ließ sie aber auch einiges aufschreiben. Sie las den Kindern öfters kurze Geschichten vor, die diese dann nacherzählen sollten.

Am Nachmittag waren die Kinder entweder am Spielplatz, spielten Fußball oder Fangen oder wanderten ein wenig durch den Wald. Natürlich waren die Betreuer immer dabei. Einmal machten sie auch einen Ausflug in den nahegelegenen Tierpark.

Eines Tages sah Linda in dem umgebauten Bauernhof ein Kätzchen. Dieses konnte nicht älter als acht Wochen sein. Die Augen tränten, die Ohren waren ganz schmutzig. Die kleine Katze hatte Durchfall und war sehr dünn. Sie gehörte niemandem. Also besorgte Linda einen Tragekorb und ein Katzenkisterl und fuhr mit der kleinen Katze zum Tierarzt. Dieser schaute sich die Katze gründlich an und versuchte ihr so gut als möglich zu helfen.

Linda brachte das Kätzchen auf ihr Zimmer, wo sie das Katzenkisterl schon aufgestellt hatte. Die letzten paar Tage wohnte die Katze, die sie Mauzi nannte, in Lindas Zimmer. Und anschließend nahm sie die Katze mit nach Hause.

Lindas Findelkinder

Mauzi war eine sehr liebe Katze, die sich aber vor Fremden ein wenig fürchtete. Linda liebte diese Katze.

Hinter Lindas Wohnhaus gab es einen Naturlehrpfad. Unter einigen Bäumen und Sträuchern standen Namensschilder. Linda ging dort gerne spazieren und schaute sich die Bäume an.

Eines Tages war sie wieder dort. Plötzlich sah sie eine Katze. Diese lief zu ihr und Linda konnte sie streicheln. Linda ging weiter. Doch die Katze folgte ihr den ganzen Weg. Sie lief Linda immer hinterher. Blieb diese stehen, blieb auch die Katze stehen. Ging Linda schneller, war auch das Tier schneller. Da die Katze sehr dünn war, dachte sich Linda, dass das Tier wahrscheinlich kein zu Hause hatte. Und das Tier wich nicht mehr von ihrer Seite. So nahm sie die Katze einfach mit, denn so ein dünnes Tier kann man nicht alleine lassen. Die Katze hat sich ihr neues Frauchen selber ausgesucht.

Der Tierarzt sagte, es sei ein Kater und Linda taufte ihn Timmy.

Mauzi und Timmy lebten viele Jahre bei Linda und machten ihr viel Freude.

Linda und die schönen Seiten des Lebens

Seit Linda so schwer krank war und fast gestorben wäre, liebte sie nur das Schöne am Leben. Sie konnte sich zum Beispiel keinen Krimi mehr anschauen. Wo geschossen oder gemordet wurde, wollte sie nicht sehen.

Linda lag vier Wochen im künstlichen Tiefschlaf. Da tat sich sehr viel im Körper und in der Seele. Sie mochte seither Liebesromane. Die las sie gerne. Die gingen nämlich immer gut aus. Auch im Fernsehen schaute sie sich nur mehr lustige Sachen, gute Dokumentationen, Quizsendungen oder Liebesfilme an. Einfach Sachen für Herz und Hirn.

Eines Tages schaute sie wieder einen Liebesfilm. Sie konnte richtig mitfiebern, ob der Mann und die Frau zusammenkamen.

Linda schaute die Zeitungen nur mehr ganz kurz durch. Mord, Totschlag und die vielen Kriege auf der Welt taten ihrer Seele nicht gut.

Sie wollte, dass die Menschen einander Gutes tun und sich gegenseitig halfen. Linda war selber ein freundlicher Mensch und half, wo sie nur konnte. Durch ihre schwere Krankheit wurde ihr das manchmal zu viel und sie musste sich zurücknehmen. Sie kam nämlich sehr schnell in Stress. Sie wurde oft nervös und war dann traurig darüber, dass sie nicht mehr so viel aushielt, wie früher.

Um wieder aus dem Stress oder Nervosität herauszufinden, erlernte sie ein paar Atemtechniken, die ihr halfen, den Stress bzw. die Nervosität zu überwinden.

„Mach es wie die Eichhörnchen.
Leg dir in guten Zeiten einen Vorrat an.

Statt Nüsse sammle schöne Erlebnisse in einem Tagebuch, über die du dich an trüben Tagen freuen kannst.“

Aus: Der Lebensfreude-Kalender 2018
von Dr. Rolf Merkle und Dr. Doris Wolf

Lindas Neurologe Dr. Safdari

Linda hatte einen sehr netten Neurologen. Dieser war sehr gewissenhaft und wollte Linda regelmäßig sehen, ob es ihr auch gut ging. Der Arzt stellte mit ihr die Medikamente um und nun sollte es Linda möglich sein, wieder ein bisschen etwas abzunehmen.

Leider musste Linda im letzten halben Jahr viel Cortison schlucken und dieses Medikament bläht auf.

Nun zurück zum Arzt. Dieser war ein ganz ein netter. Und als Linda eines Tages mit dem Aufzug in den 3. Stock zu seiner Ordination fuhr, war auch ein anderer Herr im Aufzug. Sie sprachen über den Arzt und, dass dieser ein ganz besonderer Arzt sei. Linda bemerkte: „Er ist wirklich ein sehr netter Mensch aus Ägypten." Der Herr sagte: „Nein, der Arzt ist aus dem Iran." Linda meinte fest, dass er aus Ägypten sei. Der Mann sagte: „Der Arzt ist sicher aus dem Iran, denn ich spreche Persisch mit ihm." Da musste sich Linda geschlagen geben. Wenn der Herr mit dem Arzt die persische Sprache sprach, musste er wirklich aus dem Iran kommen. Linda konnte sich nicht erklären, wie sie auf Ägypten kam.

Und in der Ordination erzählte Linda dem Arzt diese Geschichte. Und dieser bestätigte, dass er aus dem Iran kam.

Lindas Hobbys

Als Linda vier Jahre alt war durfte sie einen Ballettkurs besuchen. Der war sehr kinderfreundlich. Die Ballett-lehrerin war nett. Am Klavier spielte eine ältere Dame. Diese konnte das wirklich gut. Linda war zehn Jahre in diesem Ballettkurs.

Mit sechs Jahren erlernte Linda das Klavier spielen. Es bereitete ihr große Freude.

Ab dem neunten Lebensjahr ging Linda zum Geräteturnen. Sie begann in der dritten und letzten Gruppe. Aber sie war schnell in der ersten Gruppe. Linda konnte das wirklich gut und sie turnte gerne.

Mit 14 Jahren durfte sie einen Volleyballverein besuchen. Auch das machte viel Spaß, aber war gar nicht so einfach. Linda probierte gerne Sachen aus.

Mit 15 Jahren begann sie in der Schule Gitarre zu spielen. Sie ging in eine Schule, in der man ein Instrument erlernen durfte. Und Linda suchte sich Gitarre aus.

Gleichzeitig mit Gitarre fing sie an, in einem Verein Tischtennis zu spielen. Sie wusste gar nicht, dass Tischtennis spielen so viel Freude machen konnte.

Mit 16 Jahren ging sie in die Tanzschule, in der sie Walzer, Rumba, Tango und andere Gesellschaftstänze lernte. Sie ging zur selben Zeit auch in einen Jazztanzkurs.

Als Erwachsene erlernte sie noch das Spielen auf einer Querflöte. Da einen Ton herauszubringen ist sehr schwierig.

Einige Jahre später besuchte sie auch einen Improvisationstanzkurs.

Linda war auch einmal in einem Malkurs. Am liebsten malte sie ein Durcheinander. Das tat sie dann oft zu Hause.

41

42

Rob

Lindas Freundin Veronika wollte einmal für einige Zeit im Ausland leben. Da sie sehr gut Englisch konnte, wollte sie nach England gehen. Dort bekam sie einen tollen Job in einer bekannten Firma. Sie lebte zwei Jahre dort.

In England lernte sie auch einen sehr netten Mann kennen. Mit dem wollte sie unbedingt zusammenbleiben. Sie wollte aber auch wieder in ihre Heimat zurück. Da das Wetter für Rob in England zu nass war, ging er gerne mit Veronika in ihr Heimatland.

Und das war eine Wiedersehensfreude, als Linda ihre Freundin vom Flughafen abholte. Sie fand auch Rob sehr interessant. Er war nett, hatte ein freundliches Gesicht und Linda konnte mit ihm sehr gut reden. Er war Psychotherapeut und kannte sich mit der Seele eines Menschen gut aus.

Nachdem Linda, Veronika und Rob einige Male zusammen aus waren, fragte Linda, ob sie einmal mit Rob alleine reden durfte. Seit ihrer schweren Erkrankung hatte Linda einige Probleme und Ängste,

Rob war gerne bereit. Er saß da, mit seinem freundlichen Gesicht, und Linda redete schon drauf los. Rob kannte auch einige Übungen, die Linda helfen konnten. Nach einigen Gesprächen ging es Linda deutlich besser.

Sie freute sich für ihre Freundin, dass diese so einen netten Mann gefunden hatte.

„Du lebst zum ersten Mal.

Ist das nicht Grund genug,

dir Fehler und Schwächen zu verzeihen".

Aus: Der Lebensfreude-Kalender 2018
von Dr. Rolf Merkle und Dr. Doris Wolf

Als Linda noch Lehrerin war

Linda war eine beliebte Lehrerin. Die Kinder hatten sie sehr gerne. Es begann schon in der Früh. Viele Kinder kamen ohne Frühstück in die Schule. Und ohne etwas gefrühstückt zu haben, kann man nicht gut lernen. Das war Lindas Meinung. So ließ Linda den Kindern in der Früh etwas Zeit zum Frühstücken. Sie begann mit dem Unterricht einfach zehn Minuten später.

Bei Linda gab es auch nicht allzu viel Aufgabe. Sie fand, dass die Kinder am Vormittag genug zu lernen hatten. Eine halbe Stunde am Nachmittag für die Aufgabe reichte. Da gab es viele Gespräche mit den Eltern. Diese wollten mehr Aufgaben für ihre Kinder. Sie wollten selbst viel Ruhe. Und das war möglich, wenn ihre Kinder länger bei der Aufgabe saßen.

Auch an Freitagen gab es keine Hausübung. Das Wochenende sollte für die Kinder frei sein.

Manche Lehrerinnen hatten jeden Freitag eine Ansage und eine Rechenprobe für ihre Schulkinder. Linda wollte das den Kindern nicht antun. Manchmal eine Ansage, ja, aber sicher nicht jede Woche. Linda fand, das wäre zu viel Stress für Kinder in diesem Alter.

Die Kinder wurden manchmal von der Schulärztin zur Impfung abgeholt. Linda wollte ihre Kinder nicht alleine warten lassen. Sie ging jedes Mal, wenn die Kinder geimpft wurden, mit. Und die Kinder, die besonders große Angst hatten, wurden von Linda fest umarmt. Und so war die Impfung gar nicht so schlimm.

Linda war großer Fußballfan. Das war in einer bestimmten Klasse von großem Vorteil. In dieser Klasse waren 18 Buben und sechs Mädchen. Wenn man da mit den Buben über Fußball reden konnte, war das schon gut für die Lehrerin.

Manchmal zeigte auch Linda eine Turnübung vor. Das gefiel den Kindern sehr gut.

Einmal durften die Kinder einen Aufsatz über ihre Lehrerin schreiben. Ein Bub schrieb: „Und mit ihren 33 Jahren ist unsere Lehrerin Linda noch Fußballfan." Für diesen Buben waren 33 Jahre schon ein hohes Alter. Und in diesem Alter noch Fußballfan zu sein, fand er anscheinend bewundernswert.

Ein anderer Bub schrieb über Linda: „Und in ihrem Herzen hat sie 100 andere Herzen". Die Kinder wussten alle, dass es Linda gut mit ihnen meinte.

Linda bekam auch oft Briefe oder Zeichnungen von ihren Schulkindern. Auf einem Blatt Papier zeichnete ein Kind Linda auf und schrieb dazu: „Unsere Lehrerin Linda ist die beste Lehrerin von der ganzen großen Welt. Deine liebe Sonja" Linda freute sich über die Liebesbeweise ihrer Schulkinder. Auch sie liebte ihre Kinder.

Wieder einmal Flo und Wisch

Wieder einmal waren die Kabarettisten Flo und Wisch in Lindas Stadt. Linda besorgte sich noch eine der letzten Karten. Sie war inzwischen ein großer Fan von Flo und Wisch. Mit großer Freude schaute sie sich dasselbe Programm zum vierten Mal an und war begeistert. Die beiden waren wirklich gut und so sympathisch. Linda hatte auch zwei Blumensträuße mit, die sie den beiden am Ende des Kabaretts geben wollte. Diese waren in Cellophan eingewickelt und ein kleines Briefchen war am Stamm der Rosen mit einer kleinen Kluppe befestigt.

Das Ende des Kabaretts war gekommen. Vor der Zugabe ging Linda vor zur Bühne. Vorne angekommen bemerkte sie, dass sie in einer Hand nur mehr das Cellophan hielt. Die Blumen waren durchgerutscht. Panik stieg in Linda auf. Sie ging zu ihrer Reihe zurück und schaute auf den Boden, wo sie sie wahrscheinlich verloren hatte. Die Rosen lagen auf den Schuhen einer Frau. Linda nahm diese und ging wieder zur Bühne vor. Dort setzte sie sich auf den Boden, damit die anderen Zuschauer weiter gut sehen konnten und versuchte die Blumen wieder in das Cellophan hineinzugeben. Zusätzlich war die Kluppe kaputt, mit der das Briefchen am Blumenstrauß befestigt war. Linda bemühte sich sehr, das

48

Briefchen ohne Kluppe irgendwie zwischen den Rosen zu befestigen. Von der Zugabe bekam sie nichts mit. Sie saß am Boden und kämpfte mit den Blumen.

Dann war die Zugabe zu Ende. Linda stand vom Boden auf und ging erhobenen Hauptes zu Flo und Wisch und übergab ihnen am Rande der Bühne die Blumen. Die beiden freuten sich sehr und Linda bekam von beiden einen Handkuss.

Flo und Wisch hatten auch ihre erste CD herausgegeben. Linda bekam sogar eine geschenkt. Und von nun an hörte sie sich sehr oft die CD an. Die CD war so authentisch, als würden die beiden neben ihr stehen und singen. Linda freute sich so, dass sie nun eine CD hatte. Und immer, wenn sie wollte, konnte sie die beiden singen hören. Sie war wirklich ein wenig verliebt in Flo und Wisch.

http://www.floundwisch.at

„Wenn du dich selbst respektierst, dann kannst du deinen Respekt vor dir bewahren, auch wenn andere respektlos zu dir sind".

Wenn du deinen Wert davon abhängig machst, wie andere über dich denken, dann gehen deine Gefühle, wie eine Schaukel auf und ab. Reden andere gut über dich, geht es dir gut. Reden sie schlecht, dann geht es dir schlecht. Aus dieser Abhängigkeit vom Urteil anderer kannst du dich befreien, wenn du selbst deinen Wert festlegst. Deshalb: Lerne, dich anzunehmen, dann ist es nicht so wichtig, wie andere von dir denken.

Aus: Der Lebensfreude-Kalender 2018 von Dr. Rolf Merkle und Dr. Doris Wolf

www.palverlag.de

Linda als Clown

Einer von Lindas Freunden hieß Thomas, genannt Tommy. Als Linda noch Lehrerin war, rief Tommy eines Tages an.

Tommy: „Hallo Linda, ich habe einen Job für dich."

Linda. „Tommy, ich habe einen Job. Ich bin Lehrerin."

Tommy: „Es ist ein kleiner Job."

Linda: „Ich habe auch keine Zeit für einen kleinen Job. Ich bin Lehrerin. Da habe ich genug zu tun."

Tommy: „Er ist winzig klein, der Job. Du wirst ihn lieben."

Linda: „Also gut Tommy, schieß los. Worum geht es?"

Tommy: „Du könntest in zwei Wochen ein Clown sein und 15 Kinder eine Stunde lang unterhalten. Das wäre doch was für dich. Du kennst Kinder gut, bist bei ihnen sehr beliebt und lustig bist du auch oft. Was sagst du dazu?

Linda: „Das klingt wirklich gut. Das könnte mich tatsächlich interessieren. Wann muss ich wo sein?"

Tommy gab ihr all die notwendigen Daten und Linda begann sich Sachen zu überlegen, die sie mit den Kindern machen könnte.

Linda konnte Gitarre spielen. Also suchte sie sich einige einfache Lieder, die sie mit den Kindern singen konnte. Auch ein paar leichte Tänze bereitete sie vor. Dazu musste sie natürlich CDs und einen CD-Player mitnehmen. Sie hatte auch einige kleine Musikinstrumente, auf denen die Kinder klopfen konnten. Auch einige Rasseln waren dabei.

Dann ging Linda noch in ein Zaubergeschäft und kaufte sich drei Zaubertricks.

Auch ein paar Tücher nahm Linda mit. Mit Tüchern konnte man gut tanzen.

Mit allem ausgerüstet machte sich Linda auf den Weg zur Feier.

Die Straße hatte die Nummer 212, Stiege 35. Linda suchte und suchte und suchte. Gott sei Dank war sie zeitig genug dran. Endlich fand sie eine junge ausländische Frau, die ihr helfen konnte. Diese Frau gehörte zur Feier dazu und so konnte sie Linda zum richtigen Gemeinschaftsraum führen.

Also, es waren 23 türkische Kinder und ca. 50 türkische Erwachsene. Ein kleines Kind hatte Geburtstag und alle kamen zusammen. Alle waren sehr nett und gastfreundlich.

Die Kinder waren eher brav. Aber die Eltern!!! Die waren laut. Es dürfte ihnen gefallen haben und sie unterhielten sich lautstark. Linda sagte immer wieder: „Psst, psst." Außerdem faltete sie die Hände und machte: Bitte. Dann waren die Eltern für kurze Zeit ruhig.

Linda sang und tanzte mit den Kindern. Die Lautstärke der Eltern war nicht gerade gut für Lindas Stimme. Aber die Kinder machten brav mit und es bereitete ihnen Freude.

Es war für Linda ein gelungener Nachmittag und sie war froh, diesen Job angenommen zu haben. Noch weitere drei Jahre sang und tanzte sie mit Kindern ungefähr einmal im Monat bei Geburtstags- oder Faschingsfeiern.

Juchhu: Flo und Wisch!

Linda sah ein Plakat von Flo und Wisch. Und die beiden traten ganz in der Nähe von Lindas Wohnung in einem Restaurant auf. Linda kannte dieses Restaurant. Es hatte im Untergeschoß einen Saal mit kleiner Bühne. Linda konnte nicht anders. Sie wollte sich dieses Kabarett nicht entgehen lassen.

Sie rief ihre Freundin Eyleen an und fragte, ob sie mitkommen möchte. Eyleen wohnte auch ganz in der Nähe des Restaurants. Sie war begeistert. Sie hatte durch Linda schon einiges von Flo und Wisch gehört. Nun war sie neugierig und sagte sofort zu.

Linda besorgte die Karten und freute sich riesig, Flo und Wisch wieder zu sehen.

Linda meinte, als richtiger Fan könnte sie wieder ein Geschenk mitbringen. Sie besorgte etwas, das sie den beiden nach der Vorstellung geben wollte.

So, endlich war der ersehnte Abend gekommen. Linda traf sich mit Eyleen im Restaurant. Vor dem Kabarettabend aßen die beiden noch etwas und plauderten miteinander.

Nun war es so weit. Sie gingen die Stufen hinunter in den Saal, wo die Vorstellung stattfinden sollte. Sie saßen in der fünften Reihe. Es gab eine kleine Bühne. Dann kamen Flo und Wisch. Applaus! Applaus!

Flo spielte am Keyboard und beide Kabarettisten sangen sensationell. Der Wortwitz war super. Und wenn das Publikum dazwischenrief, hatten sie immer eine Pointe parat. Eyleen musste oft lachen. Ihr gefiel es auch sehr gut.

Am Ende des Programms ging Linda zur Bühne und sagte: „Ihr zwei seid Waschmänner und müsst viel tun: waschen, bügeln, putzen, kehren, schrubben und noch viel mehr. Da kommt man ins Schwitzen und wird auch schmutzig. Und damit ihr weiterhin sauber seid und gut duftet, habe ich jedem von euch ein Duschgel und einen Badeschwamm mitgebracht."

Das Publikum applaudierte und Linda bekam von beiden links und rechts einen Kuss auf die Wange.

Im Vorraum standen Flo und Wisch und verkauften ihre CD. Es gab auch ein neues Programmheft, das Linda unbedingt haben wollte. Da schrieb Wisch eine sehr liebe Widmung für Linda hinein. Es war wieder ein gelungener Abend.

Kabarett mit Flo und Wisch
für die ältere Generation

Es war unglaublich. Linda sah schon wieder ein Plakat von Flo und Wisch. In zwei Tagen sollten diese auftreten. Linda wollte unbedingt hingehen. Natürlich war sie viel zu spät dran. Es gab keine Karten mehr. Linda versuchte alles, um das Unmögliche, möglich zu machen Und wie durch ein Wunder wurde sie am nächsten Tag verständigt, dass eine Karte für sie an der Kassa hinterlegt wurde.

Linda konnte es kaum glauben. Sie freute sich sehr. Sie ging hin und an diesem Abend gab es freie Sitzplatzwahl. Linda war eine der ersten dort und so konnte sie sich in die erste Reihe setzen.

Das Programm war wie immer super. Die Kabarettisten gingen gut auf die ältere Generation ein.

Linda hatte natürlich wieder ein Geschenk mit. Sie sagte zu Flo und Wisch; „Ihr seid jung, talentiert und fleißig. Aber jeder braucht auch ein wenig Glück. Als Symbol fürs Glück habe ich jedem von euch ein Schweinchen mitgebracht. Das Schweinchen, namens Tara, ist für eure Tontechnikerin. Das Schweinchen Trudi für Flo und Benjamin ist für Wisch." Die beiden freuten sich wirklich. Nur Wisch, der schlankere von den beiden „beschwerte" sich ein bisschen, warum er das dickere Schweinchen bekommen hatte. Linda meinte: „Wenn ich etwas für euch sehe, weiß ich sofort, wem was gehört."

Die drei unterhielten sich eine Weile, aber Flo und Wisch mussten sich auch um die anderen Gäste kümmern. Außerdem wollten sie ihre CD verkaufen. In diesen Momenten schaute ihnen Linda einfach zu und bemerkte, wie gern sie die beiden hatte.

Die Dunkelheit

Linda hatte viele schöne Erlebnisse, war auf Urlaub, besuchte Kabaretts, war ein wenig in Flo und Wisch verliebt. Eigentlich ging es ihr gut. Aber da gab es noch etwas. Seit ihrer Erkrankung, bei der sie auch vier Wochen im künstlichen Tiefschlaf lag, hatte sich bei ihr etwas verändert. Sie hatte Angst vor der Dunkelheit. Linda konnte es nicht beschreiben. Sie fürchtete sich im Dunkeln auf der Straße zu sein. Im Winter hatte sie auch schon oft gegen 17 Uhr Angst, da es ja schon finster war.

Sie erklärte es sich so: „Ich war vier Wochen im Tiefschlaf. Da war es sicher finster. Außerdem war ich zu dieser Zeit in Lebensgefahr. Also Dunkelheit bedeutet Lebensgefahr und daher fürchte ich mich bei Dunkelheit." Natürlich erklärten ihr Freunde, dass es nie ganz finster sei. Es gab ja die Straßenbeleuchtung. Aber das nützte bei Linda nichts. Wenn Dunkelheit Lebensgefahr bedeutete, gab es kaum etwas, das half.

Mit ihrem Therapeuten Rob versuchte sie diese Angst in den Griff zu bekommen. Und oft war es auch schon ein bisschen besser.

Kabarett: „Hallo Christkind"

Und wieder war es soweit. Flo und Wisch waren mit ihrem neuen Kabarettprogramm „Hallo Christkind" in der Stadt. Linda kaufte sich schon lange vorher eine Karte und saß wieder in der ersten Reihe.

Sie fuhr mit dem Taxi hin, da sie drei große Kunstblumensträuße mithatte. Das mit den Blumensträußen war nicht einfach. Sie saß zwar in der ersten Reihe, wusste aber trotzdem nicht ganz genau, wo sie die Sträuße hingeben sollte. Doch sie fand einen Platz.

Linda war glücklich, Flo und Wisch wieder zu sehen. Das Programm war lustig, sehr musikalisch, einfach zum Gefallen. Linda lachte viel.

Am Ende des Kabarettprogramms bekam die Tontechnikerin einen Blumenstrauß von Linda. Ein Foto davon gibt es nach dem Kapitel. Es ist der Strauß mit den gelben Rosen. Wisch gab sie den Blumenstrauß mit dem braun-weißen Stoffhund, namens Pups, und den orangefarbenen Blumen. Der weiße Blumenstrauß mit dem Stoffhund, namens Scout, schenkte sie Flo. Alle drei freuten sich sehr. Linda bekam von Flo und Wisch natürlich wieder einen Handkuss.

64

Noch einmal „Hallo Christkind"

Einen Tag vor Lindas Geburtstag spielten Flo und Wisch in einem Kabarettlokal noch einmal „Hallo Christkind". Linda schenkte sich selbst zum Geburtstag eine Karte. Es machte ihr nichts aus, dass sie das Programm schon einmal gesehen hatte. Sie saß natürlich wieder ganz vorne. Sie genoss den Abend. Sie freute sich, Flo und Wisch nach so kurzer Zeit wieder zu sehen.

Und natürlich hatte sie wieder ein Fangeschenk mit. Diesmal war es für die beiden und für die Tontechnikerin je ein Schutzengelschlüsselanhänger. Sie hatte diese verpackt. So konnten alle drei noch nicht ahnen, was da drinnen ist. Linda freute sich sehr, den dreien ihre Geschenke zu überreichen.

Sie war glücklich, Flo und Wisch kennen gelernt zu haben.

TEIL 2

Wo ist mein Lieblingswirt Franz?

Eines Tages ging meine Schwester zu meinem Lieblingswirten ins Lokal, um Essen mitzunehmen. Als sie dort war, war mein Wirt Franz nicht mehr da,

Ich war bestürzt. Er durfte aus meinem Leben nicht so einfach verschwinden. Ich rief den Vorpächter an, ob er noch Kontakt zu Franz hätte. Ich versuchte ihn über verschiedene E-Mail- Adressen zu erreichen. NICHTS. Ich wusste zwar seinen Nachnamen, aber hatte keine Ahnung, wo er wohnte. Schließlich ging ich in das Lokal, in dem er zuletzt gearbeitet hatte und fragte, ob mir irgendjemand Auskunft geben konnte, wo ich Franz finden würde. Man gab mir seine E-Mail-Adresse. Ich schrieb ihm und bat ihn, mich anzurufen. Und wirklich, zwei Stunden später meldete er sich telefonisch bei mir. Ich war wirklich glücklich.

Inzwischen war ich schon einmal in dem neuen Restaurant, in dem Franz arbeitete, essen. Die Begrüßung fiel sehr herzlich aus. Ich freute mich sehr, Franz wieder gefunden zu haben.

„Die Waschmänner" zum neunten Mal

Welche Freude, die Waschmänner waren wieder in der Stadt und zwar in meinem Lieblingskabarettsaal. Ich brauchte natürlich wieder ein Fangeschenk. Diesmal kaufte ich kleine eingepackte Schokoladenstückchen. Dazu schrieb ich einen Brief.

Ich saß natürlich wieder ganz vorne. Das ließ ich mir nicht nehmen. Ich bestellte die Karten immer rechtzeitig, damit ich einen guten Platz hatte.

Flo und Wisch kamen auf die Bühne und ich staunte nicht schlecht. Der große stattliche Flo hatte abgenommen, und das nicht wenig. Obwohl ich das Programm „Die Waschmänner" zum neunten Mal sah, genoss ich den Abend in vollen Zügen. Bei einigen Liedern konnte ich sogar schon mitsingen.

Nach der Vorstellung standen Flo und Wisch beim Ausgang, ließen sich mit ihren Fans fotografieren und verkauften ihre CD oder das Programmheft.

Ich gratulierte Flo zu seiner Gewichtsabnahme und fragte ihn, wie er das geschafft hatte. Er meinte nur, es war ja Fastenzeit.

Mama und ich auf Kurzurlaub

Mama und ich wollten ein paar Tage fortfahren. In der Nähe von Wien war eine sehr nette Kleinstadt. Wir kannten dort ein Hotel, das genau richtig für uns war. Wir verbrachten dort schon einige Male unseren Kurzurlaub. Das Personal war freundlich, die Zimmer gut eingerichtet. Und besonders toll für uns war, es gab Frühstück bis 11 Uhr.

Mit dem Zug machten wir uns auf die 40-minütige Reise. Dort am Bahnhof angekommen, suchten wir uns ein Taxi für die Fahrt zum Hotel. Im Taxi eingestiegen, eröffnete uns der junge Taxifahrer, dass wir seine ersten Fahrgäste seien. Nein nicht heute, sondern seine ersten Fahrgäste überhaupt. Er fuhr gut und konnte uns zum Hotel bringen. Da wir seine ersten Fahrgäste waren, gab ich ihm auch ein großzügiges Trinkgeld.

Wir hatten ein schönes Zimmer. Das Frühstück war gut und ausreichend. Nach dem Frühstück setzten wir uns auf die Terrasse. Mama las Zeitung und ich fand mein Buch sehr spannend.

Als es Mittagszeit war, gingen wir zum Chinesen. Die erkannten uns sofort wieder und umarmten uns. Es war ein Buffetchinese. Es gab genug zu essen und das Ambiente war sehr gemütlich.

Am Nachmittag setzten wir uns in den Kurpark oder gingen in der Fußgängerzone spazieren. Dort schauten wir in die verschiedensten Geschäfte. Und in einem Geschäft probierte ich ein paar Sommerhosen. Und wirklich, einige passten mir sehr gut. Und sie waren sogar verbilligt. Ich kaufte mir zwei davon und war sehr glücklich darüber, zwei schöne günstige Sommerhosen erstanden zu haben.

Tanzschule Manfredo Fenz

Ich wollte wieder einmal in eine Tanzschule gehen. Aber alleine war das schwer möglich. Da wurde mir die Tanzschule Manfredo Fenz empfohlen. Da konnte man auch als Frau alleine hingehen.

Ich meldete mich an und wurde nicht enttäuscht. Es war eine sehr liebe, gemütliche Tanzschule. Die Tanzlehrer und Tanzlehrerinnen waren sehr nett. Der Tanzschulbesitzer äußerst liebenswert. Das Besondere an dieser Tanzschule war, dass Männer aus höheren Kursen in die Tanzstunde kamen und mit den Damen tanzten, die alleine waren. So hatte ich immer einen Tanzpartner. Obwohl ich noch nicht 60 Jahre alt war, ging ich den Kurs namens „Bestes Alter". Das war für die Menschen ab 60. Es gab immer drei, vier Frauen, die alleine kamen. Und wirklich, alle hatten immer einen Tanzpartner aus einem höheren Kurs. Man war sehr bedacht, dass alle zum Tanzen kamen. Ich fühlte mich in dieser Tanzschule sehr wohl.

Am Sonntagnachmittag gab es Tanztee. Da wurde Musik von einem Tanzlehrer aufgelegt und man konnte dazu tanzen. Auch da war es möglich als Frau alleine zu kommen. Der Tanzlehrer, der die Musik auflegte, tanzte abwechselnd mit den Damen, die alleine waren. So kam ich immer wieder zum Tanzen. Auch das Zuschauen war sehr schön. Einige Pärchen tanzten wunderbar. Es gab sogar Tee, Kaffee und Kuchen.

Zum zehnten Mal die „Waschmänner"

Ich freute mich wieder riesig. Die Waschmänner waren nach so kurzer Zeit wieder in der Stadt und ich wollte mit meiner Mama hingehen.

Zuerst machten Mama und ich einen kleinen Spaziergang, da das Wetter sehr schön war. Dann gingen wir zum Kabarettsaal. Wir waren sehr zeitig dort, denn es gab in dem Saal nummerierte Tische. Und an den Tischen gab es freie Sitzplatzwahl. Mama und ich hatten Tisch Nr. 4. Der war ganz vorne. Und ich wollte an dem Tisch die besten Plätze haben, damit wir besonders gut auf die Bühne sehen konnten.

Nachdem der Saal geöffnet wurde, ging ich schnell auf die gewünschten Plätze zu und wir setzten uns nieder. An der Bar bestellte ich uns eine Kleinigkeit zu essen und zu trinken. Gemütlich aßen wir unser Essen.

Dann begann das Kabarettstück. Die zwei feschen Männer, Flo und Wisch, kamen auf die Bühne. Sie waren wie immer gut gekleidet, sangen wunderbar und hatten lustige Szenen.

Dann ging Wisch wieder auf Flo los und sagte, am besten passt das Spiel „Das Nilpferd auf der Achterbahn" zu ihm. Da wurde es mir zu bunt und ich sagte: „Lieber Wisch, entschuldigen sie, dass ich ihr Programm störe, aber ich sah ihr Programm schon einmal vor zwei Jahren. Da war Flo **so**." Und ich machte eine sehr breite Handbewegung. „Nun ist Flo nicht mehr **so**, sondern viel schlanker." Flo freute sich zwar nicht, dass ich sagte, dass er einmal **so** war, bedankte sich aber, dass ich zu ihm half.

Von da an liebäugelte ich mit Flo. Ja, ich flirtete ein wenig mit ihm. Er versteckte sich sogar einmal hinter dem Vorhang. Dann nahm er ein langes Kabel und suchte etwas, wo er sich erhängen konnte. Der Wortwitz zwischen uns ging weiter und das Publikum lachte. Dann erzählte Wisch, dass sie an diesem und diesem Tag wieder in diesem Kabarettsaal seien. Und ich schrie: „Für diese Vorstellung habe ich auch schon eine Karte." Flo wusste nicht, was er machen sollte. Am liebsten hätte er sich irgendwo erhängt. Es war wirklich sehr sehr lustig.

Nach der Vorstellung gab ich Flo und Wisch ihre Urkunden. Ich habe sie in diesem Buch abgebildet. Außerdem gab es ein Foto mit ihnen und meiner Mama. Auch dieses ist im Anschluss an dieses Kapitel zu sehen.

Es war wirklich ein ganz toller Abend und ich freute mich, dass ich ein wenig „mitspielen" konnte.

Urkunde

für Flo und Wisch,
die besten Waschmänner Österreichs

Sie können

WÄSCHE WASCHEN

BÜGELN

KEHREN

STAUB SAUGEN

BODEN WISCHEN

GESCHIRR ABWASCHEN

STAUB ABWISCHEN

BADEZIMMER PUTZEN

MIST RUNTERTRAGEN

VORHÄNGE WASCHEN

BÖDEN SCHRUBBEN

Flo und Wisch sind auch noch sehr musikalisch.

Können toll singen.

Sind sympathisch

und wahre Gentlemen.

Lilly

Eine Nachbarin von mir hatte eine zehnjährige Tochter, namens Lilly.

Lilly war ein sehr nettes Mädchen. Sie ging in eine Ganztagsschule, da ihre Mutter arbeiten gehen musste. Lilly wollte gerne Gitarre spielen lernen. Und sie wollte nur Lieder begleiten lernen. Da war eine Musikschule nicht geeignet. Die Mutter erzählte mir das. Da hatte ich eine Idee und sagte zu meiner Nachbarin: „Ich habe in meiner Jugendzeit vier Jahre Gitarre spielen gelernt. Wenn du willst, besorge ich ein passendes Gitarrenheft und Lilly kommt immer an den Samstagen zu mir und ich lerne ihr die Griffe, damit sie Lieder begleiten kann." Die Mutter war einverstanden und Lilly freute sich. Eine Gitarre, die etwas kleiner war, eben eine für Kinder, hatte Lilly schon. So besorgte ich ein Gitarrenbuch mit netten Liedern und es ging los.

Lilly war ein freundliches, nettes, fleißiges und vor allem talentiertes Kind. Es machte wirklich Freude mit ihr zu arbeiten.

Ich schrieb ihr immer das Stück in ein Heft, das sie gelernt hatte. Beim nächsten Mal spielte mir Lilly ihre

Hausübung vor und wenn sie brav geübt hatte, gab es ein kleines Pickerl zur Belohnung.

Zu diesem Heft gab es auch eine CD, auf der alle Lieder gespielt und auch gesungen wurden. So konnte man wunderbar dazu spielen und singen.

Manchmal war Lilly mit sich nicht zufrieden, obwohl sie ganz toll spielte. Da musste ich ihr sagen, dass sie gerade erst Gitarre zu spielen begonnen hatte und, dass da noch nicht alles perfekt ein konnte. Aber sie machte ihre Sache wirklich gut.

Vorbereitungen für das Sommertanzfest

„Die Nacht in Weiß"

Die Tanzschule Manfredo Fenz veranstaltete ein Sommertanzfest. Das Thema war „Die Nacht in Weiß". Beginn 20 Uhr in einem Lokal, das ich nicht kannte und nicht genau wusste, wo es war. Ich war ein wenig verzweifelt und wollte nicht hingehen. Ich erzählte von der Nacht in Weiß, meiner Bekannten aus der Tanzschule. Milena sagte: „Natürlich gehen wir dorthin und machen es uns fein. Schlafen kannst dann, wenn Du tot bist."

Ich war nicht gerade sehr glücklich darüber, aber meine Bekannte freute sich sehr. Da es die „Nacht in Weiß" war, brauchte ich alles in Weiß. Ich schaute zu Hause nach und fand eine weiße Hose. Ein weißes T-Shirt bekam ich unlängst von einer Nachbarin, der das T-Shirt nicht mehr passte. Weiße Turnschuhe hatte ich auch. Die waren zwar nicht besonders gut zum Tanzen, aber das war mir egal. Nun brauchte ich eine weiße Tasche, mit der ich auch tanzen konnte. Ich wollte meine Tasche nicht irgendwo hinlegen. Ich wusste nicht, kamen 50 oder 100 Leute und da konnte man seine Tasche nicht unbeaufsichtigt lassen. So ging ich in ein Einkaufszentrum und schaute in ein Geschäft, wo es oft verbilligte Sachen gab. Und mein Blick fiel sofort auf eine weiße Tasche, die mir gut gefiel. Sie sollte nicht zu groß sein. Damit konnte man nicht tanzen. Die Tasche sollte aber auch nicht zu klein sein, denn ich musste auch meine Kopfbedeckung, die ich wegen meiner Gehirnblutung im Freien immer tragen musste, hineingeben können. Und da ich ja irgendwie zum Sommerfest hinkommen musste, brauchte ich eine Kopfbedeckung. Wie das Wetter an diesem Tag sein wird, wusste man auch noch nicht. Außerdem braucht man am Abend einfach eine Jacke oder eine Weste. In Weiß hatte ich nichts zu Hause. Also wieder ab in ein Geschäft. Im ersten Geschäft gab es eine Weste in Weiß. Die gefiel mir aber gar nicht. Im zweiten Geschäft fand ich einen weißen Pullover. Statt 25 Euro nur um fünf Euro. Der gefiel mir recht gut. Weiße Socken hatte ich auch. Nun konnte das Fest beginnen. Aber es dauerte ja noch ein kleines Weilchen. Aber schön langsam freute ich mich darauf.

Was ich noch machte! Ein Freund fuhr mit mir zu dem Lokal und wir aßen dort zu Mittag. So war mir das Ganze nicht mehr so fremd und ich wusste, wie man hinkam.

Ein fauler Nachmittag

In meiner Wohnhausanlage wohnte eine Mutter mit ihrer 8-jährigen Tochter. Wir hatten uns angefreundet und manchmal gingen wir gemeinsam Essen. Oder ich kam zu den beiden in die Wohnung zum Plaudern. Wir waren auch öfters in der begrünten Hofanlage. Dort gab es einen kleinen Kinderspielplatz.

Eines Tages machten wir uns aus, dass wir uns Essen liefern lassen würden. Es war ein Feiertag, an dem viele Leute Essen gingen, außerdem sollte es sehr sehr heiß werden.

Wir warteten auf unser Schnitzerl mit Salat und freuten uns, als die großen Portionen geliefert wurden. Wir aßen mit Genuss. Da es sehr heiß war und wir nach dem Essen müde wurden, legten wir uns alle drei auf die Couch. Die Nachbarin verdunkelte das Zimmer und sogar die 8-jährige Tochter war still, die sonst immer ein wenig zappelig war. Meine Nachbarin schlief sogar für eine kurze Zeit ein. Auch ich dürfte ein wenig eingenickt sein.

Nach unserem Mittagsschläfchen, gingen wir runter zum Spielplatz. Es war noch immer sehr heiß. So setzten wir uns auf eine Bank im Schatten und schauten den anderen Kindern beim Spielen zu. Dann wollte die Kleine auch schaukeln und ein wenig durch die Hofanlage spazieren. Es war ein netter, äußerst heißer Tag. Aber wir verbrachten ihn gemütlich und sehr faul.

Sommertanzfest „Die Nacht in Weiß"

Es war an diesem Tag sehr heiß und ich brauchte meinen neu erstandenen Pullover nicht. Ich hatte eine weiße Hose an, ein kurzärmeliges T-Shirt und weiße Turnschuhe. Sicherheitshalber nahm ich mir ein langärmeliges Leibchen mit. Die neue weiße Tasche und eine weiße Kappe hatte ich auch.

Meine Tanzkollegin Milena holte mich mit dem Auto ab und ich konnte ihr den Weg gut beschreiben, da ich ja unlängst dort essen war. Wir waren zeitig dort und konnten noch ein bisschen im Prater spazieren gehen.

Das Sommerfest fand doch nicht im Freien statt, so wie ich dachte, sondern in einer Holzhütte mit riesengroßer Tanzfläche. Im Freien wäre die Tanzfläche viel kleiner gewesen.

Obwohl alle Türen und Fenster offen waren, war es unendlich heiß. Es hatte um 20 Uhr noch immer an die 30 Grad.

Nachdem wir uns hingesetzt hatten, bestellten wir uns etwas zu essen und zu trinken. Wir hatten großes Glück. Zwei Männer aus unserem Tanzkurs setzten sich zu uns.

Nachdem Milena und ich gegessen hatten, tanzten die zwei Männer ein paar Mal mit uns. Mit einem angehenden Tanzschullehrer konnte ich auch einmal tanzen.

Wir lernten auch alle gemeinsam einen Partytanz.

Besonders schön war gegen Ende des Festes ein männliches Tanzpaar. Sie tanzten wunderbar und sehr ästhetisch.

Es war ein schöner Tanzabend und meine Tanzkollegin brachte mich wieder gut nach Hause.

Zeit mit Mama

Mama ging jeden Dienstag in einen Gymnastikkurs. Und am Ende des Semesters gab es ein Abschlussessen. Da ging ich meistens mit, da ich auch einmal in diesen Kurs war.

Wir trafen uns um 18.30 in dem Lokal. Da das Wetter schön war, saßen wir im Freien. Es waren 16 Frauen. Das Essen war gut und die Stimmung ausgezeichnet. Alle unterhielten sich angeregt. Ich aß Eierschwammerln auf Blattsalat. Um 21.30 gingen wir alle nach Hause. Das Lokal war ca. 15 Minuten von Mamas Wohnung entfernt. Ich übernachtete gleich bei Mama.

Am nächsten Tag schliefen wir ein bisschen länger. Nach dem Frühstück las Mama die Zeitung und ich widmete mich wieder meinem Buch.

Wir hatten uns schon ausgemacht, dass wir chinesisch Essen gehen würden. Wir erreichten das Lokal öffentlich nach 20 Minuten. Mama trank wie fast immer ein Viertel gespritzten Wein und ich bestellte mir Leitungswasser. Der Chinese war ein Buffetchinese. So konnten wir uns einige Male etwas zu essen nehmen.

In dem kleinen Einkaufszentrum, in dem der Chinese war, gab es auch eine riesige Buchhandlung. Mama und ich gingen hinein. Es gab dort einige Sitzgelegenheiten. Wir nahmen uns jeder ein Buch, setzten uns nieder und lasen ein wenig darin. Plötzlich wurde ich an der Schulter angetippt. O, welche Freude! Es war meine ehemalige Lieblingsdirektorin Anna Maria, die ein bestimmtes Buch suchte. Anna Maria kannte auch meine Mama. Mama war öfters in meiner Klasse und half mir im Unterricht am Stationentag. Wir plauderten nett miteinander.

Nachdem wir uns verabschiedet hatten, gingen Mama und ich noch in eine Bäckerei. Mama trank einen Kaffee und ich bestellte mir einen Chai Latte.

Ich begleitete Mama noch zur Straßenbahn und fuhr dann mit der U-Bahn nach Hause. Es war ein ausgefüllter schöner Tag. Und, dass ich meine Lieblingsdirektorin getroffen habe, freute mich besonders.

Im Schwimmbad

Obwohl das Schwimmbad nur fünf Minuten von meinem Wohnhaus entfernt war, war ich noch nie dort. Und ich wohnte schon über zwanzig Jahre in dieser Wohnung.

Es war ein sehr heißer Tag und ganz plötzlich wollte ich in dieses Schwimmbad gehen. Ich wartete bis 16 Uhr, da gab es einen verbilligten Eintritt. Außerdem war es nicht mehr so heiß. Ich packte alles zusammen und ging die paar Minuten hin. Dort angekommen, bezahlte ich und bekam einen Schlüssel für das Kästchen. Dann ging ich auf die Suche. Ich hatte Kästchen Nummer 475. Ich fragte zwei Mal und wurde von den Personen in die falsche Richtung geschickt. Nun sah ich einen Bademeister, der mir den richtigen Weg zeigte.

Obwohl das Bad sehr gut besucht war, fand ich einen freien Liegestuhl im Schatten. Ich legte mich hin und genoss mein Dasein. Trotz der vielen Leute, war die Lautstärke nicht störend. Dann wollte ich doch zum Schwimmbecken schauen. Ich setzte mich an den Rand und ließ die Füße hineinhängen. Es war unglaublich kalt. Ich saß da, schaute den Leuten zu und freute mich, dass alle ihren Spaß hatten.

Plötzlich regte sich etwas in mir. Ich wollte ins Wasser. Aber es war sehr kalt. Tapfer ging ich relativ schnell hinein und war recht stolz auf mich, dass ich das geschafft hatte.

Das Becken war nicht sehr groß und es waren viele Erwachsene und Kinder drinnen. Aber es waren alle relativ diszipliniert und ich konnte auch ein wenig schwimmen. Ich schwamm aber nur dort, wo ich stehen konnte. Mit meiner Sehbehinderung war es nicht gut, dort zu schwimmen, wo man nicht stehen kann.

Nachdem ich mich gut abgekühlt hatte, machte ich mich auf den Weg zu meinem Kästchen und ging den kurzen Weg nach Hause. Es gefiel mir im Schwimmbad wirklich gut.

Gespräche mit Rob

Ich war sehr froh, dass meine Freundin Veronika ihren netten Freund Rob, nach ihrem zweijährigen Aufenthalt in England, nach Wien mitgebracht hatte. Er war Psychotherapeut.

Nach meiner Gehirnblutung, der 13-stündigen Operation und dem vierwöchigen künstlichen Tiefschlaf, hatte ich viele Ängste und war oft sehr nervös und gestresst. So ein Einschnitt im Leben machte doch einiges mit der Seele.

Mit Rob konnte ich wunderbar darüber reden. Er gab mir viele Tipps und auch einige Übungen. Es ging mir immer besser und die Abstände für unsere Sitzungen wurden immer größer.

Er half mir in vielen Bereichen, aber langsam musste ich auch wieder selbständiger werden. So trafen wir uns in größeren Abständen und ich versuchte in vielen Bereichen das anzuwenden, das Rob mir geraten hatte. Und das gelang mir recht gut.

Die Kraft des Baumes liegt in seinen Wurzeln. Die des Menschen in einem glücklichen Herzen.
Unbekannt

**Wer mit sich selbst in Frieden leben will,
muss sich so akzeptieren, wie er ist.**
(Selma Lagerlöff)

Die Privatstunde

Unlängst im Tanzkurs war mein Tanzpartner für kurze Zeit verschwunden. Da tanzte der Tanzleiter Manfredo Fenz kurz mit mir. Und ich schwebte bei dem Tanz in seinen Armen. Davon wollte ich mehr. Daher machte ich mir eine Privatstunde mit ihm aus. Ich wollte nichts Neues lernen, sondern einfach nur mit Manfredo tanzen.

Und wirklich! Ich wurde nicht enttäuscht. Wir fingen mit einem Langsamen Walzer an. Da konnte mich Manfredo gut führen, da die Tanzhaltung enger war. Ich ließ mich führen und es entstanden Figuren, die ich aus meiner Jugendzeit her kannte. Diese waren noch in meinem Hinterkopf gespeichert und Manfredo holte diese Figuren aus meinem Hinterkopf in meinen Körper. Ich tanzte, ich schwebte, ich genoss es mit jeder Faser meines Körpers. Es war wunderschön. Manfredo hatte eine tolle Tanzhaltung und es war wunderbar mit ihm durch den Raum zu gleiten. Dann kam mein Lieblingstanz, die Rumba. Ich kann es kaum beschreiben. Es war unglaublich. Natürlich musste ich mich zwischendurch immer wieder ein paar Minuten ausruhen. Aber ich dachte nicht, dass ich die Stunde so gut durchhalten würde. Aber, wenn einem etwas gefiel, schaffte man doch einiges.

94

Ich nahm mir vor, einmal im Monat eine Privattanz-
stunde bei Manfredo zu nehmen. Das Gefühl war unbe-
schreiblich. Danke Manfredo!

Es gibt kaum ein beglückenderes Gefühl, als zu spü-
ren, dass man für andere Menschen etwas sein
kann.
(Dietrich Bonhoeffer)

Mit Mama auf Urlaub in Mörbisch

Im Hotel Schmidt
Privathotel Das Schmidt
Raiffeisenstraße 8
7072 Mörbisch am Neusiedlersee
E-Mail: privat@das-schmidt.at
http://www.das-schmidt.at

Ankunft: Zum zweiten Mal fuhren Mama und ich nach Mörbisch am Neusiedlersee in das Privathotel „Das-Schmidt". Wir wurden dort begrüßt, als wären wie erst gestern dort gewesen. Das Ehepaar Schmidt war wirklich außergewöhnlich herzlich. Diesmal hatten wir sogar ein Zimmer mit Balkon. Das Zimmer war sehr lieb eingerichtet.

Ich wollte die Klimaanlage einschalten, schaffte es aber nicht. Einer der netten Söhne des Hauses erklärte mir, dass das die Fußbodenheizung sei und zeigte mir die Anzeige der Klimaanlage. Warum ich diese nicht gesehen hatte, konnte ich mir nicht erklären.

Es gab eine große Liegewiese und ein Hallenbad. Dort war eine Tee- und Saftbar eingerichtet. Neben den Getränken gab es auch Rosinen, Nüsse und Datteln.

Während Mama ihre Lieblingssendung „Bares für Rares" im Fernsehen schaute, war ich im Supermarkt und kaufte einiges ein. Schon der erste Tag war hier sehr nett.

Zweiter und dritter Tag: An diesen zwei Tagen waren wir sehr faul. Wir kamen relativ spät zum Frühstück, das sehr nett angerichtet war. Wir konnten sogar Spiegeleier bestellen. Wir saßen im Freien auf der Terrasse, die schön gestaltet war.

Nach dem Frühstück setzten wir uns auf den öffentlichen Balkon, mit bequemen Sitzgelegenheiten. Mama las Zeitung und ich widmete mich meinem Buch.

Anschließend gingen wir ca. 200 Meter zum Gasthaus, das viele verschiedene gebackene Sachen zum Essen hatte. Einmal aß Mama Karpfenfilet und das andere Mal Hühnernuggets. Ich konnte beide Male dem Hühnerschnitzerl mit Blattsalat nicht wiederstehen.

Danach gingen wir entweder in den Supermarkt, in ein nettes Souvenirgeschäft, spazierten durch die Gartenanlage oder setzten uns in die Tee- und Saftbar beim Hallenbad. Natürlich schwammen wir auch ein wenig. Aber wir machten alles sehr langsam und gemütlich.

Auch den zweiten Sohn konnten wir schon begrüßen. Die beiden Zwillingssöhne schauten sich unheimlich ähnlich. Voriges Jahr war es noch einfacher, die beiden auseinander zu halten. Der eine hatte einen Bart, der andere nicht. Doch heuer hatten beide einen Vollbart. Nun wusste ich nicht mehr, wer wer war.

Am dritten Abend waren wir in Danis Schenke. Da gab es verschiedene Brote, Salate und Brett`ljausen. Mama nahm sich ein Kümmelbratenbrot und ich ein Eiaufstrichbrot. Mamas Kümmelbratenbrot war unglaublich groß und mit sehr vielen verschiedenen Sachen belegt: Kümmelbraten, Paradeiser, Gurkerl, Zwiebel und Ei. Es schmeckte sehr gut.

100

Zuvor waren wir noch im Souvenirladen, wo ich für drei Personen eine Kleinigkeit kaufte.

Vierter Tag: Der Tag begann natürlich wieder mit einem guten Frühstücksbüfett. Da es ein wenig regnete setzten wir uns nach dem Frühstück in die Hotellobby, Mama mit ihrer Zeitung, ich mit meinem Buch.

Nachdem der Regen aufgehört hatte, gingen wir ein wenig spazieren und dann Mittagessen. Den Nachmittag verbrachten wir im Hallenbad und setzten uns natürlich auch wieder in die Tee- und Saftbar. Es war ein sehr gemütlicher Tag.

Fünfter Tag: Da es etwas kühl war, saßen wir beim Frühstück im Innenraum. Nach dem Frühstück konnten wir uns wieder auf den öffentlichen Balkon mit den bequemen Sitzgelegenheiten setzen. Dort lasen wir wieder die Zeitung und das Buch.

Anschließend gingen wir wieder kurz spazieren und dann essen. Nach dem Mittagessen legten wir uns auf den Balkon. Ich ging später ein wenig in den Fitnessraum. Sehr gerne bin ich da auf dem Laufband. Ich laufe aber nicht, sondern gehe schnell.

Auch das Hallenbad wurde von Mama und mir noch benützt. Natürlich setzten wir uns in die Tee- und Saftbar. Für uns war das wieder ein guter Tag.

Sechster Tag: Auch der sechste Tag begann mit dem Frühstück. Einen Sohn des Hauses sah ich und begrüßte ihn. Danach suchte ich mir etwas vom Büfett aus. Als ich mich umdrehte, stand ein Zwillingssohn vor mir. Ob es der war, den ich schon begrüßt hatte, konnte ich nicht sagen.

Auch dieser Tag lief ähnlich ab, wie die vorherigen Tage: lesen, spazieren gehen, im Hallenbad schwimmen, in der Tee- und Saftbar sitzen. Mama und ich wollten nur Ruhe und Gemütlichkeit.

104

Siebter Tag: Nach dem Frühstück setzten wir uns wieder auf den öffentlichen Balkon und lasen. Anschließend gingen wir in die Pizzeria gegenüber dem Hotel. Die Pizzeria war sehr klein, doch wir bekamen noch einen Platz und bestellten unser Essen.

Nach einer Weile sah ich zwei Frauen, die sehr verzweifelt schauten. Ich winkte sie zu Mama und mir zu unserem Vierertisch und bot ihnen die zwei freien Plätze an. Die beiden waren uns sehr dankbar, denn an diesem Wochentag hatten fast alle Gasthäuser Ruhetag.

Die zwei Frauen, auch Mutter und Tochter, waren aus Island. Sie flogen nach Wien und fuhren mit einem Leihwagen zum Neusiedlersee. Morgen ging es dann weiter nach Slowenien, wo der Sohn bzw. Bruder ein internationales Footballmatch hatte. Wir unterhielten uns sehr gut, und zwar auf Englisch.

Nach dem Mittagessen legte sich Mama auf den Balkon und ich ging in den Supermarkt und kaufte Obst und etwas für das Nachtmahl ein.

Nachdem ich vom Einkaufen zurück war, gingen wir wieder ins Hallenbad und schwammen ein wenig. Natürlich setzten wir uns auch in die Tee- und Saftbar.

Achter Tag: Natürlich begann dieser Tag wieder mit dem Frühstücksbüfett. Diesmal konnten wir wieder auf der Terrasse sitzen, da das Wetter herrlich war. Nachdem wir am öffentlichen Balkon gelesen hatten, gingen wir diesmal zu Mittag ins Hallenbad. Unser Lieblingslokal sperrte erst um 14 Uhr auf. So schwammen wir zuerst und gingen dann Mittag essen. Wir hatten schon einen Schnitzerlbauch.

Anschließend gingen wir schnell aufs Zimmer, da Mamas Lieblingssendung im Fernsehen begann. Ich war inzwischen im Fitnessraum und begab mich aufs Laufband. Ich hielt es zwar dort nicht lange aus, aber besser ein wenig laufen, als gar nicht.

Das Nachtmahl aßen wir am Zimmer. Es war noch viel Schnitzerl von zu Mittag übrig.

Neunter Tag:

Unser letzter gemütlicher Tag! Morgen ging es heimwärts. Wir verabschiedeten uns nach und nach von den Angestellten, zahlten und hatten noch einen schönen sonnigen Tag.

Und am Abend ruinierte ich noch den Glastisch auf unserem Zimmer. Ich wollte den Tisch verschieben und brach das Tischbein aus Glas ab. So ein Jammer!

Zehnter Tag:

Mama und ich fuhren nach einem wunderschönen Urlaub in Mörbisch nach Hause.

Ein musikalischer Nachmittag

Meine langjährige Freundin Regine Pawelka-Oskera war Sängerin. Sie sang Wienerlieder, wie ihre Mutter es getan hatte. Zusätzlich konnte sie noch Jazz, Swing und Operette.

Heute gab es eine Vorstellung in einem Pensionistenwohnhaus. Das Wohnhaus war in der Nähe, in der Mama wohnte, und Mama und ich gingen hin. Es war an diesem Tag sehr heiß und wir alle schwitzen sehr. Im Pensionistenwohnhaus waren natürlich sehr viele alte Leute. Einige gingen mit einem Rollator. Aber alle waren recht gut aufgelegt und freuten sich auf das musikalische Programm meiner Freundin.

Meine Freundin Regine wurde von dem großartigen Klavierspieler, Roman Teodorowicz, begleitet. Er spielte außergewöhnlich gut. Die Lieder meiner Freundin waren wirklich ansprechend. Viele Leute sangen mit, manche klatschten dazu. Drei Lieder spielte der Klavierspieler alleine. Diese waren ausgezeichnet.

Nach Regines und Romans Vorstellung saßen wir noch beisammen und plauderten. Wir hatten uns wirklich schon sehr lange nicht mehr gesehen.

Es war ein außergewöhnlich schöner Nachmittag.

Begleitdienst „Weißer Flügel"

Im Sommer gab es in der Tanzschule auch Perfektion. Aber diese war nicht wie sonst um 16.30 am Sonntag, sondern sonntags und donnerstags zwischen 20 Uhr und 22 Uhr. Da hätte ich wieder mit dem Taxi nach Hause fahren müssen. Und das mit dem Taxi nach Hause fahren (da ich mich ja vor der Dunkelheit fürchtete), ging langsam ins Geld.

Da erfuhr ich von einem Begleitdienst in Wien, namens „Weißer Flügel". https://www.weisser -fluegel.net. Da konnte man per SMS Abholort, Abholzeit und Zielort angeben. Und dann wurde man abgeholt und bis zum eigenen Haustor gebracht. Natürlich gab es auch ein Kennwort, um den richtigen Menschen zu erkennen. Das wollte ich ausprobieren. Ich gab alle Daten in mein Handy ein. Und wirklich! Eine Stunde später bekam ich die Mitteilung, dass ich zu angegebener Zeit abgeholt werden würde.

Natürlich war ich ein wenig aufgeregt. Werde ich mich sicher fühlen? Werde ich mit demjenigen ein wenig plaudern können? Aber ich freute mich auch ein bisschen auf den Menschen. Ich wollte wissen, wer begleitet ehrenamtlich jemanden zu später Stunde nach Hause.

Zur vereinbarten Zeit wartete ich vor der Tanzschule. Gegenüber stand ein ca. 35-jähriger Mann und rief mir das Kennwort zu. Er kam über die Straße zu mir und wir gaben einander die Hand. Ich ging voran zur Straßenbahn und er ging einfach neben mir her. Es war wirklich toll, jemanden zu später Stunde neben sich zu haben. Er war beruflich im Sicherheitsdienst tätig. Außerdem hatte er Kenntnisse in Selbstverteidigung. Wir unterhielten uns auch recht gut miteinander. Ich war Herrn Mario unendlich dankbar, ohne Taxigeld zu zahlen, sicher nach Hause zu kommen.

Spaziergang im Schwimmbad

Heute hatte ich nichts Besonderes vor. Ein wenig Hausarbeit, ein wenig lesen, faulenzen. Am späteren Nachmittag wollte ich dann doch ein bisschen ins Freie. Das Wetter war recht angenehm. Daher zog ich eine kurze Hose und ein T-Shirt an und ging ins nahegelegene Schwimmbad. Ich ging dorthin, um im Schwimmbad ein wenig spazieren zu gehen. Ins Wasser wollte ich nicht. Es war Sonntag und daher viele Leute im Schwimmbecken. Mit meiner Sehbehinderung wäre das zu gefährlich gewesen. Ich ging nach 16 Uhr. Da gab es eine verbilligte Eintrittskarte. Ich spazierte in alle Ecken des Bades und schaute mir alles genau an. Dann fand ich eine freie Liege und begab mich darauf. Ich fühlte mich, wie in einem Garten. Das Plätschern des Wassers, das Gemurmel der Leute. Ich fühlte mich sehr wohl. So verbrachte ich über zwei Stunden im Schwimmbad. Ich freute mich, dass ich es doch noch ins Freie geschafft hatte.

Überlebenstag

Heute vor 13 Jahren hatte ich die schwere Gehirnblutung, die ich nur knapp überlebte. Deswegen war dieser Tag mein Überlebenstag. Der wurde jedes Jahr gefeiert.

Dieses Jahr ging ich mit meiner Mama und meiner Schwester essen. Wir suchten uns ein Lokal aus, in dem es ein österreichisches Büfett gab. Das Ambiente war schön, die Kellner sehr nett und Preis/Leistung stimmte. Wir aßen langsam und genüsslich. Ich stürzte mich natürlich wieder auf das gebackene Schnitzerl. Auch die Salate waren sehr gut.

Meine Schwester schenkte mir ein Umhängetuch und meine Mama übergab mir einen großzügigen Gutschein von einem Drogeriemarkt, in dem ich gerne einkaufte. Auch ein Frisörstudio war dort angeschlossen und ich konnte mit dieser Gutscheinkarte bezahlen.

Nach dem Mittagessen gingen wir kurz spazieren und setzten uns noch in eine Bäckerei zum Kaffee-, und Tee-trinken. Es war ein schöner Tag.

Die Hochzeit

Vor zehn Jahren lernte meine Freundin Julia einen lieben Mann, namens Clemens, kennen. Sie zogen beide aufs Land. Trotzdem hatte ich immer guten Kontakt zu meiner Freundin. Wir telefonierten oft miteinander und besuchten uns auch gegenseitig.

Eines Tages eröffnete mir Julia, dass sie ihren Clemens heiraten möchte. Und es wäre toll, wenn ich ihre Trauzeugin sein wollte. Ich freute mich riesig. Da auch meine Mama Julia gut kannte, wurde sie auch eingeladen.

Da es für Julia und Clemens jeweils die zweite Hochzeit war, wollten sie diese in sehr kleinem Rahmen feiern.

Mama und ich wollten ein paar Tage dranhängen und gleich einen Kurzurlaub daraus machen. Mama und ich fuhren hin. Wir wohnten beim Treiberwirt, ein einfaches, aber sehr nettes Hotel. Gleich am ersten Tag gingen Mama und ich Minigolf spielen.

Am zweiten Urlaubstag war schon die Hochzeit. Obwohl das Wetter seit Wochen schön war, hatte der Wetterbericht für diesen Tag Regen angesagt. Wir beteten alle zum Wettergott. Und wirklich, es regnete erst ab 22 Uhr. Aber alles der Reihe nach.

Zu Mittag aßen wir noch im Hotel. Dann machten Mama und ich uns fertig. Mama hatte ein schönes Kleid an. Ich hatte mir ein T-Shirt in Weiß, Violett und Türkis gekauft. Dieses hatte kurze Ärmel und gefiel mir sehr gut.

Um 15 Uhr traf sich eine kleine Gruppe von Gästen vor dem Standesamt. Auch die Brautleute waren schon da. Die Trauzeugin der Braut Julia war, wie schon erwähnt, ich. Der Trauzeuge vom Bräutigam Clemens war sein lieber Bruder Frederik. Die Frau Bürgermeisterin war auch die Standesbeamtin. Sie hatte ein Dirndl an und war sehr sympathisch.

Ihre Rede war sehr gut und berührend. Sogar ein Gedicht hatte sie sich für die Brautleute ausgedacht. Es war eine äußerst herzliche Ansprache. Bei einer Stelle traten mir sogar Tränen in die Augen.

Die Frau Bürgermeisterin hatte freundlicherweise Sekt besorgt und wir stießen auf das Brautpaar an.

Anschließend gab es in einem guten Restaurant eine Jause mit Hochzeitstorte. Dann hatten wir zwei Stunden Zeit bis zum Nachtmahl. Wir ruhten uns kurz im Hotel aus und gingen dann eine kleine Runde im Dorf spazieren.

Um 19 Uhr trafen wir uns alle wieder im Restaurant. Das Essen war ausgezeichnet, die Stimmung gut. Und was mich besonders freute, es war noch etwas von der Hochzeitstorte übrig. Ja, und um 22 Uhr, beim Rückweg zu unserem Hotel, fing es dann zu regnen an.

Es war ein sehr schöner Tag.

Viktor

Eines Tages lernte ich einen netten Mann kennen. Er hieß Viktor. Er war ungefähr in meinem Alter, aber ich fragte ihn nie danach. Wir gingen manchmal miteinander essen, gingen spazieren und plauderten viel miteinander. Wir entdeckten auch ein gemeinsames Hobby, den Gesellschaftstanz. Viktor konnte zwar viel besser tanzen, aber das machte uns beiden nichts aus. Er führte recht gut und so konnte ich auch ein paar schwierigere Figuren tanzen. Beim Miteinanderplaudern erfuhr ich, dass Viktor einen Bruder hatte, der leider schon verstoben war. Das ging mir sehr nahe. Seit ich selbst in Lebensgefahr war, tut mir der Gedanke an den Tod weh. Ich möchte nicht nur dieses Buch Viktors Bruder widmen, sondern ich bat auch Viktor, ein Kapitel über seinen verstorbenen Bruder Manfred zu schreiben.

Manfred

Ich bin Viktor. Linda bat mich, ein Kapitel über meinen verstorbenen Bruder Manfred zu schreiben. Ich bin selbständig und arbeite sehr viel. Außerdem würde es mir viel zu weh tun. Daher nur ein paar Sätze.

Manfred war zehn Jahre älter als ich. Ich hatte ihn sehr gerne. Wir verstanden uns gut und unternahmen viel zusammen. Leider verstarb Manfred viel zu früh.

„Manfred, ich werde dich nie vergessen. Du wirst immer in meinem Herzen sein. Dein Viktor"

Ein Nachmittag mit Wienerliedern

Meine Freundin Regine Pawelka-Oskera sang wieder in einem Pensionistenklub. Mama und ich waren manchmal in diesem Klub an einem Tanznachmittag und kannten daher auch einige Leute. Somit waren wir dabei.

Regine wurde wieder vom großartigen Klavierspieler Roman Teodorowicz am Klavier begleitet. Es war wirklich ein gelungener Nachmittag.

Hier zwei Liedtexte:

I häng an meiner Weanerstadt

I häng an meiner Weanerstadt, I kanns kann Mensch'n sag`n. Und hat man dir oft wehgetan, I hüf dir all`s ertrag'n. Mi bringens a net fort von dir, net um das ganze Gold der Welt, der Herrgott zeigt uns schon den Weg, wo`s Glück vom Himmel fällt.

Schön ist so a Ringelspiel

Schön ist so a Ringelspiel. Das is a Hetz und kost ned viel...Damit auch der kleine Mann, sich eine Freude gönnen kann. Immer wieder fährt man weg und draht sich doch am selben Fleck. Man kann sagen, was man will, schön ist so ein Ringelspiel.

Die Waschmänner zum 11. Mal

Schon seit langer Zeit wollte ich mit meiner ehemaligen Lehrerarbeitskollegin Claudia zu den Waschmännern gehen. Doch immer kam etwas dazwischen, wenn Flo und Wisch in der Stadt waren. Doch diesmal klappte es,

Claudia und ich wohnten im selben Bezirk und daher trafen wir uns bei der U-Bahn, ganz in der Nähe. Natürlich waren wir rechtzeitig beim Veranstaltungsort, damit wir, an unserem reservierten Tisch, die besten Plätze bekamen. Und wirklich, ich sauste bei Öffnung der Türen auf die gewünschten Plätze zu. Und zu unserer Erheiterung hatten wir ein Ehepaar an unserem Tisch, wo der Mann sehr lustig war. Wir holten uns an der Bar etwas zu essen und zu trinken. Der Saal füllte sich langsam und das Kabarett konnte beginnen.

Wie immer kamen Flo und Wisch gut gekleidet auf die Bühne. Sie sangen hervorragend, hatten ein lustiges Wortspiel und Flo spielte professionell am Keyboard.

Mit einer Dame aus dem Publikum sprachen die beiden öfters. Sie fragten nach ihren Namen. Sie sagte, sie hieße Isabell. Daraufhin die Waschmänner: „Und das daneben ist ihr Mann, stimmt`s? Grüß Gott Herr Isabell!" In

Folge des Gesprächs wurde der Mann immer mit „Herr Isabell" angesprochen.

Auch wenn ich die Waschmänner zum elften Mal sah, mir wurde nicht langweilig. Es war schön hier zu sein. Am Ende des Programms gab es sehr lauten Applaus.

Beim Ausgang standen Flo und Wisch und schenkten allen Besuchern ein Programmheft und ich bekam eine wunder-, wunderschöne und einzigartige Widmung hineingeschrieben.

Nun war ich mit meinem Fangeschenk an der Reihe. Ich hatte einen Kabarettpreis für sie mitgenommen. Im Internet konnte man goldene Mikrofone kaufen. Darauf stand **„FLO und WISCH sind Österreichs beste Waschmänner"**.

Bei der Übergabe sah man den beiden an, dass sie sich ehrlich freuten. Ich war überglücklich. Claudia machte fleißig Fotos und ein paar gibt es im Anschluss an dieses Kapitel zu sehen.

Es war wirklich schön, mit Claudia im Kabarett gewesen zu sein.

Oktoberfest in der Tanzschule Manfredo Fenz

Juchhu, ich freute mich schon auf das Oktoberfest in der Tanzschule. Die Tanzschule war wirklich eine ganz eine liebe. Die TanzlehrerInnen waren sehr freundlich und auch die Schüler und Schülerinnen (alle schon erwachsen) waren sehr nett und freundlich. Fast alle gaben einander die Hand oder einen Kuss auf die Wange. Auch Leute, die sich nicht kannten, begrüßten sich mit einem Kopfnicken.

Heute am Oktoberfest gab es Frankfurter Würstel, Weißwürste und Brezel. Ein Saal war zum Tanzen und im anderen Saal gab es Tische und Bänke. Alles war nett geschmückt.

Natürlich gab es Tanzmusik. Wir tanzten aber auch unter Anleitung des Tanzschulbesitzers Manfredo einige Tänze gemeinsam. Da standen wir paarweise im Kreis und tanzten einfache Tänze. Man ging auch bei einigen Tänzen um eine Partnerin weiter.

Als ich bei der Tanzmusik keinen Partner zum Tanzen hatte, tanzte ich alleine einen Langsamen Walzer oder einen Tango. Manchmal stellte ich mich einfach in eine Ecke und tanzte alleine zur Musik. Ich improvisierte so vor mich hin. Auch ein paar andere Freuen trauten sich dann alleine zu tanzen.

Es war wirklich ein gelungener Abend und ich freute mich immer, Manfredo zu sehen.

Mamas Geburtstag

Meine Schwester Josi und ich trafen uns heute zu Mittag mit Mama. Wir wollten natürlich den Geburtstag mit ihr feiern.

Wir vereinbarten, dass wir uns bei einer U-Bahnstation treffen sollten und fuhren dann gemeinsam zu dem Lokal. Es gab dort ein österreichisches Büfett. Es schmeckte uns allen recht gut. Mama bekam von mir einen Gutschein für einen Chanson Abend in einem netten Theater. Danach gingen wir ein wenig spazieren und kauften uns etwas für die Jause ein. Bei Mama angekommen, übergab ihr meine Schwester Josi das Geschenk. Es war eine schöne und teure Winterjacke, die Josi sehr billig erstanden hatte.

Nachdem Mama, die Jacke probiert hatte, gingen wir zur Jause über. Mama machte für sich einen Kaffee und Josi und ich tranken Tee und aßen die sehr gute, gesunde Jause. Es war ein schöner Tag.

Schenk Menschen, die dir wichtig sind, deine Zeit.

Nimm dir Zeit zu lieben,

miteinander zu sprechen,

zu teilen, was euch verbindet.

Zeige Deine Liebe, suche die Nähe

und verschenke eine innige Umarmung.

Schätze die Augenblicke,

die du mit deinen Lieben verbringst.

Sie sind kostbar und unwiederbringlich.

Aus: Lebensfreude-Kalender 2019

von Dr. Rolf Merkle und Dr. Doris Wolf

www.palverlag.de

Halloweenparty in der Tanzschule

Vor einer Woche lief mir der Tanzleiter Manfredo nach der Tanzstunde in die Garderobe nach und fragte mich, ob ich zur Halloweenparty kommen werde. Ich sagte, nein, da ich Halloween nicht wirklich mochte.

Aber meine Bekannte von der Tanzschule, Milena, überredete mich und meinte, es wird sicher schön.

So ging ich gleich nach der Tanzstunde in ein Geschäft und schaute, was es so an billigen Verkleidungsmöglichkeiten gab. Ich erstand eine Haarspange mit Skelettfingern.

Ich wollte mich auch schminken und schaute im Internet nach, welche Möglichkeiten es gab. Da ich nur einen Lippenstift zu Hause hatte, gab es nicht viele Möglichkeiten. Ich fand ein Foto. Da war das Gesicht ein bisschen rot geschminkt und Ich veränderte es einfach für mein Gesicht.

So traf ich mich mit Milena bei der Straßenbahnhaltestelle und wir fuhren zur Tanzschule. Viele Leute waren dort geschminkt oder/und verkleidet. Auch alle Tanzschullehrer und -lehrerinnen hatten sich gruselig, passend zu Halloween, hergerichtet.

In einem Saal gab es wieder Tische, Bänke und etwas zu essen. Im größeren Saal konnte getanzt werden. Wir lernten gemeinsam eine Eröffnung, so wie bei einem richtigen Ball. Auch einen „gruseligen" Partytanz tanzten wir. Zu späterer Stunde gab es noch eine Showeinlage der Tanzlehrer und Tanzlehrerinnen.

Ich kam viel zum Tanzen und hatte einen wirklich schönen Abend.

Dr. Safdari

Nach meiner Gehirnblutung bekam ich Epilepsie. Denn wenn man Narben im Kopf hatte, konnte es zu Krampfanfällen kommen. Und nach einer 13-stündigen Operation hatte ich sicher viele Narben im Kopf. Also, kam es bei mir zu epileptischen Anfällen. Zuerst bekam ich jahrelang Medikamente, die die Gewichtszunahme förderten und den Appetit anregten. Dann stellte mein Neurologe Dr. Safdari mit viel Bauchweh meine Medikamente auf bessere und modernere um. Mit viel Bauchweh aus dem Grund, weil es bei einer Umstellung der Medikamente zu epileptischen Anfällen kommen kann. Aber alles ging gut.

Und nach einer Weile, weil ich einige Kilos abgenommen hatte, wollte ich die Dosis meiner Medikamente verringern. Als ich das Dr. Safdari erzählte, wurde er leichenblass und sagte, dass er schon sehr viel Bauchweh bei der Medikamentenumstellung hatte. Mein EEG zeigte auch eine hochgradige Anfallsbereitschaft auf. Ich machte noch eine Blutuntersuchung und der Medikamentenspiegel war im mittleren Bereich. Also nicht übermäßig hoch und daher ließen wir die Medikamente so wie sie waren.

Tanztee in der Tanzschule Manfredo Fenz

Diesmal war es wieder eine besondere Perfektion in der Tanzschule. Diesmal legte ein anderer Tanzlehrer, als ich gewohnt war, die CD`s auf. Auch dieser tanzte mit den Damen, die alleine kamen.

Ich tanzte noch nie mit ihm und war sehr angetan von seinem Führungsstil. Natürlich tanzte jeder Tanzlehrer gut. Aber vom Führungsstil waren sie alle ein wenig anders, das war klar. Dieser Tanzlehrer führte auch einige Figuren, die ich nicht kannte und es klappte gut.

Der Höhepunkt war der Paso Doble. Der Paso Doble kam aus Spanien, wurde aber den lateinamerikanischen Tänzen zugeordnet. Ich tanzte diesen Tanz in meiner Jugendzeit und hatte nun keine Ahnung mehr. Der Tanzlehrer sagte nur, dass ich mich führen lassen sollte. Und das tat ich auch. Es war wirklich der Höhepunkt des Tanznachmittages. Ich ließ mich führen und schwebte in den Armen des Tanzlehrers. Es war wunderbar.

Es war wieder ein schöner Tanznachmittag. Ich kam viel zum Tanzen. Die Leute waren alle nett und freundlich. Ja, ich fühlte mich wieder sehr wohl.

Menschliches Glück stammt nicht so sehr aus großen Glücksfällen, die sich selten ereignen, als vielmehr aus kleinen glücklichen Umständen, die jeden Tag vorkommen.
(Benjamin Franklin)

Die schönsten, angenehmsten Tage sind nicht die, an denen großartige, aufregende Dinge passieren, sondern die mit den einfachen, netten Augenblicken, die sich aneinanderreihen, wie Perlen auf einer Schnur.
(Lucy Maud Montgommery)

Chanson Abend mit Mama

Ich schenkte Mama zum Geburtstag einen Chanson Abend in meiner Begleitung. Wir fuhren mit dem Taxi zum Theater. Mama war in einem Alter, in dem sie es sich verdient hatte, schnell und gemütlich zum Theater zu kommen.

Es gab in dem Saal freie Sitzplatzwahl. Die Reihen im hinteren Saal waren ein klein wenig erhöht. Obwohl wir sehr zeitig dort waren, waren wir fast die letzten, die in den Saal kamen. Mama und ich saßen relativ weit hinten, etwas erhöht. Trotzdem sahen wir nicht besonders gut auf die Bühne, da riesige Leute vor uns saßen. Auch eine Frau mit Hochsteckfrisur saß vor uns. Wir schauten einmal rechts und einmal links vorbei.

Es kamen zwei Männer auf die Bühne, die sehr sympathisch waren. Einer war der Sänger, der andere begleitete ihn am Klavier. Die Liedtexte kannte Mama fast alle. Auch ich kannte viele, da ich mit Mama schon öfters Liederabende besuchte, wo es Lieder aus den 30-er und 40-er Jahren spielte.

Es war ein sehr schöner und abwechslungsreicher Chanson Abend. Natürlich fuhren wir am späten Abend mit dem Taxi wieder nach Hause zu Mama, wo ich auch übernachtete.

Besuch in der Oper

Ich bekam überraschend eine Freikarte für einen Opernbesuch. Die Karte hätte 130 Euro gekostet und ich konnte gratis gehen. Da musste ich hin.

Ich war zwar kein Opernfan, aber diese Gelegenheit konnte ich mir nicht entgehen lassen. Ich hatte eine Karte für einen Logenplatz am ersten Rang. Die Oper hieß Orest und handelte vom trojanischen Krieg. Ich las mir die Inhaltsangabe zwei Mal durch, um mich ein bisschen auszukennen.

Eine halbe Stunde vor Beginn der Vorstellung gab es eine Werkseinführung in einem bestimmten Saal. Da wurde die Oper vorgestellt, der Inhalt noch einmal besprochen und auch ein wenig über die Musik erzählt. Von den Komponisten her klang die Musik ein wenig schräg, aber ich wollte mich überraschen lassen.

Ich saß in der Loge in der ersten Reihe und sah wunderbar auf die Bühne. Die Oper begann. Das Bühnenbild war etwas düster. Na ja, trojanischer Krieg! Die Stimmen waren schön, auch die Musik war nicht allzu schräg. Vom Inhalt her kannte ich mich überhaupt nicht aus, obwohl ich mir die Inhaltsangabe durchgelesen hatte und bei der

Einführung des Werkes zugehört habe. Es gab drei Frauen, aber ich wusste nicht, welche, welche war. Aber das war egal. Ich versuchte die Atmosphäre zu genießen und der Musik zu lauschen. Die Sänger und Sängerinnen waren gut. Die Oper dauerte eineinhalb Stunde und war ohne Pause.

Nach der Vorstellung warteten schon viele Taxis vor der Oper und ich stieg schnell in eines ein. Um diese Uhrzeit fuhr ich nicht mehr öffentlich nach Hause.

Der Taxifahrer war ein ganz ein netter und ich plauderte ein wenig mit ihm. Obwohl ich kein Opernfan war, war ich froh in der Oper gewesen zu sein. Allein die Atmosphäre war beeindruckend.

Line Dance im Pensionistenklub

Manfredo Fenz unterrichtete auch in Pensionistenklubs Line Dance. Bei Line Dance tanzte man alleine. Man stand in Reihen hintereinander und machte z.B. vier Schritte vorwärts, vier Schritte rückwärts, drehte sich einmal nach rechts und dann nach links usw.

Wir waren acht Damen, alle so ab 60, außer ich, ich war etwas jünger.

Manfredo wollte das Fenster öffnen, doch es standen zwei riesige ca. 1,60 m Blumenstöcke auf einem Tisch vor dem Fenster. Manfredo nahm die zwei schweren Blumenstöcke und stellte sie mit den Kräften von Superman auf den hohen Kasten. Am Boden wären sie uns beim Tanzen im Weg gewesen. Wir tanzten eine Stunde fleißig drei neue Tänze. Eine halbe Stunde später unterrichtete Manfredo in einem Pensionistenklub eine U-Bahn-Station weiter. Da ich noch relativ fit war, wollte ich auch dort mitmachen.

Im ersten Pensionistenklub hatten wir einen eigenen kleinen Saal. Im zweiten Pensionistenklub war es ganz anders. Es war ein riesengroßer Saal, voll mit Pensionisten, die gerade Jause hatten. Die einen aßen, eine Dame strickte, einige spielten Karten, die anderen unterhielten sich. Und mittendrin waren wir Tänzerinnen. Diesmal waren es 13 Damen. Obwohl der Lärmpegel sehr hoch war, ließ sich Manfredo nicht aus der Ruhe bringen. Er unterrichtete in seiner Lautstärke weiter. Er konnte und wollte nicht schreien. Ich bewunderte seine Ruhe und Gelassenheit.

Flo Und Wisch „Hallo Christkind"

Mama und ich wollten zur Weihnachtsvorstellung von Flo und Wisch gehen. Sie hieß „Hallo Christkind". Mama und ich fuhren hin. Wir waren etwas früher dort und ich entdeckte eine ehemalige Volksschuldirektorin von mir. Wir küssten uns und freuten uns einander zu sehen. Die Direktorin samt Ehemann besuchten ein Theaterstück in einem anderen Saal.

Mama und ich gingen in den Saal 2 ins Kellergeschoß.

Wir beide freuten uns schon sehr, Flo und Wisch wieder zu sehen. Fesch wie immer und gut gekleidet kamen die beiden auf die Bühne. Mama sagte immer wieder: „Die zwei sind wirklich gut." Es freute mich sehr, dass es Mama gefiel. Flo und Wisch sangen sehr gut und Flo spielte hervorragend am Keyboard. Auch der Wortwitz war sehr lustig. Die beiden wollten dem Christkind einen Brief mit ihren Wünschen schreiben. Aber es klappte so gar nicht und bis zum Schluss hatten sie keinen ordentlichen Brief zusammengebracht.

Beim Abschlussapplaus kam ich ins Spiel. Ich sagte: „Das mit dem Brief an das Christkind hat ja nicht so geklappt, deswegen hat mich das Christkind geschickt und ich soll jedem von euch ein Packerl vom Christkind geben." Da freuten sich die beiden sehr und fragten, wer denn noch ein Packerl für sie hätte.

Anschließend baten sie noch um Spenden für benachteiligte Familien, denen man einen Kurzurlaub ermöglichen möchte.

Flo und Wisch standen beim Ausgang mit einer Spendenbox und die Leute spendeten fleißig.

Zuerst begrüßten wir Wisch. Ich küsste ihn und gab Geld in die Spendenbox. Anschließend gingen wir zu Flo und Mama bekam einen Handkuss von ihm. Flo sagte auch, dass er sich immer freute, wenn Mama mitkam, denn dann wusste er, dass es ihr gut ging.

Flo und Wisch sind wirklich besondere Menschen, lieb, nett und sehr sozial.

In den Packerln hatte ich je eine Handcreme eingepackt, da sie ein paar Jahre das Programm „Die Waschmänner" gespielt hatten und ihre Hände daher sehr rau sein mussten.

Zum zweiten Mal „Hallo Christkind"

In der Nähe meiner Wohnung gab es ein Restaurant, das im Kellergeschoß eine kleine Bühne hatte. Und dort spielten an meinem Geburtstag Flo und Wisch. Da wollte ich hin.

Ich fragte meine Freundin Martina. Ob sie mit mir dorthin ginge und sie sagte, ja. Auch sie wohnte im selben Bezirk. Wir trafen uns dort schon zum Nachtmahl essen und plauderten fleißig. Auch Flo und Wisch aßen dort und ich ging zu ihnen hin und begrüßte sie. Natürlich erwähnte ich, dass ich heute Geburtstag hatte und die beiden gratulierten mir.

Nach dem Essen gingen wir in das Kellergeschoß und warteten gespannt auf die beiden feschen Männer. Und da kamen sie auch schon, wie immer dunkel gekleidet, sehr elegant.

Im Publikum saßen zwei Frauen, die sehr viel lachten und Flo und Wisch hatten rege Konversation mit ihnen. Natürlich versuchten sie wieder einen Brief an das Christkind zu schreiben, aber es missglückte.

Beim Abschlussapplaus kam ich wieder ins Spiel. Ich stand auf, setzte mich aber wieder hin, da das Publikum

144

noch applaudierte. Ich stand wieder auf, setzte mich wieder hin. So ging das ein paar Mal. Da sagte einer der beiden, weiß nicht, ob es Flo oder Wisch war: „Können wir ihnen irgendwie helfen?" Ich sagte: „Darf ich etwas sagen?" Die beiden: „Wenn sie sprechen können, dann gerne." Ich: „Ich habe in der Pause das Christkind getroffen und es war über den Brief etwas belustigt, dass es nicht so richtig geklappt hatte. Da es nun nicht wusste, was sie sich wünschen, hat es mir für sie einen Schokoladenschneemann mitgegeben."

Flo machte große Augen und freute sich schon, aber ich ging zur Tontechnikerin, die etwas auf der Seite saß und übergab ihr ihren Schneemann. Flo schaute mich noch immer freudig an, aber ich ging zu Wisch und er bekam seinen Schneemann.

Nun schaute ich Flo an, und sagte: „Soll ich schauen, ob noch etwas in meinem Stoffsackerl drinnen ist? Er schaute mich flehentlich an und ich kramte extra lang in meinem Sackerl. Und wirklich, es war noch ein Schneemann für Flo drinnen. Ich bekam von beiden einen Handkuss.

Anschließend sagte einer der beiden: „Sie haben uns vor der Show etwas verraten. Sie sind doch die Frau Linda?"

145

Ich schaute etwas verdutzt und konnte mir nicht vorstellen, was jetzt kommen könnte. Sie sagten: „Sie haben doch heute Geburtstag!" Und nun sangen sie mit dem Publikum „Happy Birthday" für mich. Ich freute mich wirklich.

Nach der Show stand Wisch wieder mit der Spendenbox für benachteiligte Familien und anschließend unterhielt sich Martina angeregt mit Flo.

Es war wieder ein ausgezeichneter Abend und das Geburtstagsständchen freute mich sehr.

Weihnachtsfeier in der Tanzschule

Ich war wirklich erfreut. Es gab in der Tanzschule eine Weihnachtsfeier. Ich freute mich schon darauf. Da waren sicher wieder alle Tanzlehrer der Tanzschule beisammen.

Ich fuhr hin und es war wieder, wie bei allen Feiern: ein Raum war fürs Essen hergerichtet und im anderen Saal konnte man tanzen.

Gleich zu Beginn tanzte ich ein paar Tänze mit einem Mann aus meinem Kurs. Auch zwei angehende Tanzlehrer tanzten mit mir. Und sogar ein fremder Mann wurde von seiner Frau in meine Richtung geschubst, um mit mir zu tanzen.

Wir eröffneten die Feier mit einem Einmarsch, wie bei einem richtigen Ball. Bald darauf gab es einen Partytanz mit Weihnachtsmusik.

Auch die Tanzlehrer und Tanzlehrerinnen machten eine Einlage. Eine Tanzassistentin spielte die Christbaumverkäuferin. Alle Tanzlehrer waren in Grün angezogen. Das waren die Christbäume. Nun kamen die Tanzlehrerinnen, die einen Baum kaufen wollten. Der eine Baum war sehr lebendig. Er bewegte sich ständig. Ein anderer

war noch sehr jung und wird noch lange Freude berei-
ten. Die Verkäuferin pries ihre Bäume gut an. Hier war
ein stämmiger Baum usw... Es wurde natürlich auch um
den Preis verhandelt.

Zum Schluss gab es nur noch einen Baum und da kam
der Tanzlehrer Manfredo Fenz, der diesen prächtigen,
gut gewachsenen Baum haben wollte. Nun kam noch ein
anderer Mann dazu und die zwei Männer trieben den
Preis des Baumes sehr hoch, da ihn beide haben wollten.
Die Käuferinnen schmückten inzwischen ihre Bäume
ein wenig und dann wurde mit den Christbäumen ein
Jive getanzt. Alle schrien Zugabe und sie mussten den
Tanz noch einmal tanzen und waren dann ganz schön
aus der Puste, denn ein Jive ist sehr anstrengend.

Ich blieb noch ein bisschen, tanzte noch ein paar Tänze
und dann verabschiedete ich mich persönlich von ein
paar Leuten. Auch zu Manfredo sagte ich, auf Wieder-
sehen. Er gab mir die Hand und meinte: „Danke, dass du
da warst." Das sind nur ein paar Worte, aber sie freuten
mich sehr.

Zum dritten Mal „Hallo Christkind"

Diesmal ging ich wieder mir meiner ehemaligen Lehrerarbeitskollegin Claudia in Kabarett. Wir trafen uns bei der U-Bahnstation in unserer Wohnnähe und waren wieder früh dort, da ich natürlich einen guten Platz an unserem reservierten Tisch haben wollte. Bei Einlass in den Saal stürmte ich wie immer auf die gewünschten Plätze zu. Claudia lud mich sogar auf ein Getränk ein.

Nachdem wir gegessen hatten, fing das Kabarett an. Ich wiederhole mich. Wie immer kamen Flo und Wisch, die zwei feschen Männer, sehr elegant gekleidet, auf die Bühne. Und sie versuchten natürlich wieder einen Brief ans Christkind zu schreiben. Es gelang, wie schon bei den vorigen Malen nicht. Obwohl Wisch einen ca. 30 cm. langen und sehr dicken Kugelschreiber hatte, schafften es die beiden nicht, einen anständigen Brief an das Christkind zu schreiben. Ich wiederhole mich, die beiden sangen gut, Flo spielte hervorragend Keyboard und der Wortwitz war gut.

Bei einer Stelle schaute Flo sehr gelangweilt und Wisch sprach, nein er schrie auf Flo ein. Wisch hatte schon wirklich einen roten Kopf. Und Flo tat so, als ginge ihn das gar nichts an.

Zu einem anderen Zeitpunkt spielte Wisch auf den kleinen Bauch von Flo an und sagte: „Ich habe geglaubt, dein Hosenbund ist stretch" Flo darauf: „Mein Hosenbund ist nicht stretch, sondern quetsch."

In dieser Art ging es weiter und wir lachten viel. Am Ende des Kabaretts baten die beiden wieder um eine Spende für in Not geratene Familien.

Von mir bekamen Flo und Wisch je einen Schweinchenbleistift. Vielleicht ist es damit leichter einen ordentlichen Brief an das Christkind zu schreiben.

Nach einem tollen Abend fuhren wir beschwingt nach Hause.

Epilog

Ich bin manchmal ein wenig traurig. Früher war ich sehr schlank und hatte einige sportliche Hobbys. Ich spielte Tischtennis, lernte Volleyball und ging in die verschiedensten Tanzkurse. Auch Musikinstrumente durfte ich erlernen.

Ich war sehr gerne Lehrerin. Auch die Tanzkurse, die ich als Tanzpädagogin hielt, bereiteten mir viel Freude.

Doch dann gab es einen Einschnitt in meinem Leben, die schwere Gehirnblutung.

Durch die Medikamente, die ich seither nehmen muss, nahm ich mehr als 20 kg zu. Das Bewegen fällt mir nun um einiges schwerer. Durch die Sehbehinderung kann ich viele Sportarten nicht mehr ausüben. Außerdem machen mich die Medikamente schneller müde.

Auf der anderen Seite freue ich mich, dass ich in der krankheitsbedingten Frühpension einige Bücher schreiben konnte. Ich war in einem Malkurs, in einem Gymnastikkurs und einem Tanzimprovisationskurs. Nun gehe ich in eine ganz liebe Tanzschule und lerne wieder Gesellschaftstänze, wie Tango, Rumba oder Boogie.

Natürlich freue ich mich auch, Flo und Wisch kennen gelernt zu haben.

Das Foto im Anschluss entstand zwei Jahre vor meiner Gehirnblutung. Damals machte ich Urlaub auf Kreta.

Eines möchte ich noch sagen, ich habe eine ganz liebe Familie und treue Freundinnen.

154

Danke, dass Sie mein Buch gelesen haben. Unter der unten angegebenen Homepage können Sie sich meine weiteren Bücher anschauen https://linda-martin.cmmc.at. Ich würde mich freuen, wenn Sie einen Eintrag im Gästebuch hinterlassen würden. Danke Linda

P.S.: Ich empfehle Ihnen die Tanzschule Eddy Franzen

1030 Wien, Jaquingasse 57

Mail: eddy.franzen@chello.at

Homepage: www.eddyfranzen.at

Autorin

Linda Martin wurde 1963 in Wien geboren. Obwohl ihre Eltern nicht reich waren, ermöglichten sie ihr einiges: Unterricht in Klavierspiel, Balletttanz, Geräteturnen, Volleyball und Tischtennis. Schließlich wurde sie Volksschullehrerin und Tanzpädagogin. Sie liebte diese Berufe.

Foto: Natascha Dimitrov

Mit 42 Jahren veränderte sich ihr Leben durch eine schwere Gehirnblutung, die sie nur knapp überlebte. Seither hat sie einen kompletten Sehausfall auf der linken Seite.

Nun konnte sie den Beruf als Volksschullehrerin nicht mehr ausüben und wurde in Frühpension geschickt.

Und in diesem, für sie neuen Leben, schrieb sie einige Kinderbücher für Kinder zwischen sechs und zehn Jahren.

Band 1 *„Lisas kleine Welt"* (BoD)
Band 2 *„Lisa, Papa Alfi und Schnuppi"* (BoD)
Band 3 *„Lisa und Lina"* (BoD)
„Der kleine Drache Isidor entdeckt die Welt." (BoD) *„Maxi, Winni und das Schweinchen Kugi."* (BoD)

Für Erwachsene gibt es die Autobiographien
„Ausnahmezustand Gehirnblutung. Wie ich durch glückliche Fügungen überlebte." (BoD)

„Geschichten aus dem Leben von Elena Mars." **(BoD)**
http://linda-martin.cmmc.at